KIRCHEN ENTLANG DER WÜRM

50 kath. Kirchen und Kapellen von Starnberg bis Allach

von
LOTHAR ALTMANN
mit einer Einführung von
Rolf Wünnenberg

VERLAG SCHNELL & STEINER MÜNCHEN · ZÜRICH

ABBILDUNGSNACHWEIS

S. 3 Richard Wörsching, Starnberg; S. 10, 25 Dr. Senta Wünnenberg, Herrsching; S. 17, 18, 43, 44, 45, 46, 47 Dr. Johannes Steiner, München; S. 28 Dr. Peter Steiner, München; S. 29 R. Zerle, München; S. 42 KNA-Bild, Frankfurt a. M.; alle anderen Aufnahmen Dr. Lothar Altmann, München. Die Übersichtskarte auf der rückwärtigen Umschlagseite zeichnete Hans Gruber, München.
Die Umschlagvorderseite zeigt die alte Pfarrkirche St. Stephan in Gräfelfing.

ERSTE AUFLAGE 1979   ISBN 3 - 7954 - 0811 - 3

DIESE VERÖFFENTLICHUNG BILDET BAND 77 IN DER REIHE „GROSSE KUNSTFÜHRER" UNSERES VERLAGES. HER-AUSGEBER DR. HUGO SCHNELL UND DR. PAUL MAI. – © 1979 VERLAG SCHNELL & STEINER GMBH & CO. MÜN-CHEN/ZÜRICH. – GESAMTHERSTELLUNG: ERHARDI DRUCK GMBH, REGENSBURG

Das Würmtal

Im Anfang war unser Land von einem Meer bedeckt, aus dem im Süden die Gipfel eines Karbongebirges hervorragten. Der Grund des Meeres bestand aus Schichten dolomitischer und kalkiger Ablagerungen, aus angeschwemmtem Geröll und Sand. Vor vielen Millionen Jahren kamen aus dem Erdinnern vulkanische Ausbrüche und türmten die Uralpen südlich des Inns auf. Wieder nach Millionen Jahren folgten neue Ausbrüche und warfen die Kalkalpen nördlich des Inns empor. Die damit verbundenen Faltungen der Erdoberfläche ergriffen abgeschwächt auch unser Alpenvorland. Während des Tertiärs, der ersten Stufe der Erdneuzeit (etwa 70 Millionen bis 650 Tausend Jahre vor Chr.), überflutete das zurückgedrängte Meer noch mehrfach unser Gebiet. In den sich bildenden Süßwasserseen wurde Flinz abgelagert, ein wasserundurchlässiges Konglomerat aus grünlichen Mergeln, Tonen und Sanden, das der Grundwasserträger unseres Landes ist. Ein subtropisches Klima herrschte vor. Nashörner, Tiger mit großen Säbelzähnen, Mastodonten, kleine Hirscharten und Zibetkatzen lebten bei uns. Versteinerungen von Zimtbäumen und Feigen wurden entdeckt. Am Ende des Tertiärs verschlechterte sich das Klima aus noch nicht eindeutig geklärten Gründen. Die Schneemassen in den höheren Regionen des Ge-

Blick auf die alte Starnberger Pfarrkirche St. Josef hoch über dem See.   3

birges konnten im Sommer nicht mehr abschmelzen. Schließlich setzten sie sich als Gletscher in Bewegung und drangen durch die Gebirgstäler und das Vorland fingerförmig bis zu der flach abfallenden Ebene um München.

Viermal im Verlauf von 650 000 Jahren schoben sich diese Gletscherströme der großen Eiszeit über unser Land, unterbrochen von Zwischeneiszeiten, in denen sich die Gletscher zurückzogen. Entscheidend für die Überformung waren die beiden letzten Ströme, die der Rißeiszeit (etwa vor 236 000 bis 193 000 Jahren) und die der Würmeiszeit (vor etwa 138 000 bis 20 000 Jahren).

Die Gletscher schleppten vom Gebirge gewaltige Geröllmassen mit und setzten sie an ihrer Sohle als Grund-, an den Rändern als Seiten- und am Abschluß ihres Vordringens als Endmoränen ab. So entstanden unsere Höhenzüge. Die Moränen der Rißeiszeit (Altmoränen), die flacher und gerundeter sind als die der Würmeiszeit und weiter nach Norden reichen, wurden von den Jungmoränen der letzten Eiszeit vielfach überlagert. Diese sind die Hauptursache für die Differenziertheit und vielfältig gewellte Formschönheit unserer Landschaft.

Mit dem endgültigen Abzug des Eises vor etwa 15 000 Jahren lösten sich enorme Schmelzwasser, verursachten weitere, kleinere Verschiebungen und stauten sich vor den Barrieren der Endmoränen zu Seen, die damals weit größer und zahlreicher waren als heute. Der Starnberger See, der früher logischer Würmsee hieß, griff weit über das heutige Südufer hinaus und reichte im Norden über das Perchaer Moos bis nach Leutstetten. Dann sägte sich das Wasser beharrlich durch die Endmoräne bei Mühltal, bis dort als nördlicher Abfluß das tief eingeschnittene Tal der Würm geschaffen war, die über Gauting und Pasing hinaus bei Dachau Anschluß an die Amper fand. Das Land begrünte sich. Der Mensch konnte Einzug halten.

Dies geschah bei uns in der Jungsteinzeit, etwa um das Jahr 2000 v. Chr. Die ersten Siedler kamen aus der Donaugegend, einst Fischer und Jäger, die Ackerbauer und Viehzüchter wurden. An der Würm errichteten sie sich feste Wohnsitze. Aus der Hügelgräber-Bronzezeit (etwa 1550 bis 1250 Jahre v. Chr.) und später aus der Hallstattzeit (etwa 750 bis 450 Jahre v. Chr.) gibt es im Würmtal zahlreiche Gräberfunde, die auf Siedlungen schließen lassen. Oberhalb von Mühltal wurden 1886 und 1891 allein 33 von einer weit größeren Anzahl von Gräbern geöffnet. Beile, Messer, Dolche, Nadeln, Zierscheiben und Armreifen aus Bronze waren den Toten beigegeben. Welchem Volk diese ersten Siedler angehört haben, ist noch offen. Von den Illyrern spricht man heute nicht mehr.

Während der letzten vorchristlichen Jahrhunderte sickerten die Kelten wohl auf friedlichem Wege ein. Die Viereckschanze bei Buchendorf, 110 m in der Länge und 107 m in der Breite, ist ihre am besten erhaltene Hinterlassenschaft. Früher nannte man diese umwallte Fläche „Römerschanze", manche hielten sie auch für eine Fliehburg; in Wirklichkeit aber war sie eine keltische Kultstätte, in der die Bewohner ihren Göttern Opfer brachten. Das Volk besaß bereits eine reiche Kultur. Die Töpferei blühte, und das Pferd war längst gezähmt.

15 v. Chr. unterwarfen die Römer in einer groß angelegten Zangenbewegung von Oberitalien aus über den Brenner und von Gallien über Bregenz das Gebiet nördlich der Alpen bis zur Donau und nannten ihre neue Provinz Raetia. Nach dem bei uns lebenden keltischen Volk der Vindeliker erhielt ihr Verwaltungszentrum am Lech den Namen Augusta vindelicum (Augsburg). Gauting (Bratananium) wurde aus verkehrstechnischen Gründen die wichtigste Römersiedlung im Raum südlich von München. Der Straßenbau war für die Erhaltung der Römerherrschaft lebensnotwendig. Die Verbindung von Augusta vindelicum nach Juvavum (Salzburg) überbrückte die Würm bei Gauting. Eine zweite Straße, von Brigantium (Bregenz) über Cambodunum (Kempten), Abodiacum (Epfach) und dann am Südufer des Ammersees vorbei über Erling, schuf eine weitere Verbindung mit Gauting. Reste dieser stabilen, mit einem Kiesunterbau versehenen Straßen sind bei uns noch an vielen Stellen zu erkennen, etwa bei Pentenried oder östlich von Buchendorf. An beiden Seiten der Reismühler Straße in Gauting wurden beachtliche Grundmauern römischer Häuser entdeckt. Die stattlichen Funde römischer Münzen reichen bis zum Jahr 361 n. Chr. Wahrscheinlich wurde Gauting während der Markomannenstürme im 2.

nachchristlichen Jahrhundert zerstört, später aber wieder aufgebaut. Im fünften Jahrhundert brach die römische Herrschaft endgültig zusammen. Die letzten Legionäre zogen nach Oberitalien ab. Die mit Römern vermischte Urbevölkerung blieb zurück. Ebenso erhielten sich Errungenschaften der römischen Zivilisation, etwa das Brennen von Ziegelsteinen, Obst- und Gartenbau und tönernes Geschirr (Terra sigillata).

Im 1. Drittel des 6. Jahrhunderts drangen die Bajuwaren (Baiwaren), wahrscheinlich aus dem Lande Baia (Böhmen), in unser schwachbesiedeltes Land vor. Hiervon gibt in den meisten Fällen die Endsilbe „ing", die dem Namen des Führers einer Siedlungsgruppe angehängt wurde, Kunde. Der Name Gauting wird z. B. von einem Godo (Cotto, Gozzo) abgeleitet. Zahlreiche Reihengräber aus dieser Frühzeit kamen beim Aushub von Neubauten ans Tageslicht, so auf dem Gelände der Gautinger evangelischen Kirche. Die Gesichter der Toten – es handelt sich jetzt nicht mehr um Hügelgräber oder die zwischenzeitlich üblichen Urnenfelder, sondern um Flachgräber – wiesen nach Osten. Den Männern waren meist Waffen beigegeben, den Frauen Schmuck aus Gold, Silber oder Bronze. In der Bajuwarenzeit hatten sich als Stammesherzöge die Agilolfinger durchgesetzt.

Dann eroberten die Franken unter ihren Merowinger- und Karolinger-Königen das Land. Nach einer Handschrift des Klosters Weihenstephan aus dem 13. Jahrhundert soll die Reismühle bei Gauting die Geburtsstätte Karls des Großen sein. Danach schickte der Vater Karls, Pippin der Kleine, von Weihenstephan aus eine Gesandtschaft in die Bretagne, die ihm Berta (Bertalda), die Tochter des dortigen Königs, als zukünftige Gemahlin überbringen sollte. Der Führer der Gesandtschaft jedoch, der „schwäbische rote Ritter", gab auf der Heimreise bei Königswiesen seinen Knechten den Befehl, Berta zu töten, und führte Pippin statt ihrer die eigene Tochter zu. Die Knechte wiederum erschlugen nur einen Hund, dessen Blut sie dem „roten Ritter" als Beweis für den Mord an der Prinzessin vorwiesen. Die ausgestoßene Berta irrte indessen durch den dichten Wald, fand schließlich die Reismühle und wurde von dem mitleidigen Müller aufgenommen. Als Pippin dann auf der Jagd bei Königswiesen den Weg verlor – in der Handschrift wird das Jahr 740 genannt –, fand er ebenfalls nach langem Suchen die Reismühle. Hier erkannte er Berta an dem Reif, den er ihr als Brautgeschenk in die Bretagne geschickt hatte. In der gleichen Nacht zeugte er mit ihr einen Sohn und nahm nach dessen Geburt Berta zur Gemahlin. Heute hängt in der Reismühle das Bild Karls des Großen über einer Wiege. Sein Geburtsort ist noch immer unbekannt.

Karl der Große und seine Nachfolger besaßen im Würmtal beträchtliches Königsgut. Ihre Burg auf der Anhöhe östlich von Mühltal, die 1180 als „Charlesberg" erwähnt wird und den Würmdurchbruch beherrschte, wurde während der Bruderkriege der Wittelsbacher zwischen 1311 und 1316 zerstört. Nur noch spärliche Trümmer sind von ihr zu sehen. Ihre Steine wurden 1565 zum Bau des Schlosses Leutstetten verwandt. Aus karolingischer Zeit ist bekannt, daß die fränkische Fürstin Kysila, wahrscheinlich eine Schwester oder Tochter Karls des Großen, ihren Besitz in Leutstetten und Gauting dem Kloster Benediktbeuern stiftete.

Denn das Christentum hatte sich nun seit der Missionierung durch den hl. Korbinian (gest. um 725) von Freising aus und seit der kirchlichen Organisation durch den hl. Bonifatius (673–754) endgültig bei uns durchgesetzt. Dabei leisteten die im Frühmittelalter gegründeten Benediktinerklöster, an der Spitze das noch unter den Agilolfingern von dem Geschlecht der Huosi um 750 gestiftete Benediktbeuern (vgl. Pentenried), für die Rodung und Urbarmachung des Landes einen entscheidenden Beitrag.

Die soziale Struktur, die sich jetzt herausbildete und sehr kompliziert war, beruhte auf dem Lehenswesen. Das Gaugrafenamt aus der Zeit der Karolinger – die Gaugrafen waren ursprünglich Beamte des fränkischen Königs – wurde erblich. Ein erbitterter Konkurrenzkampf der hochadeligen Geschlechter setzte ein. So schalteten die Wittelsbacher 1248 ihre mächtigsten Gegner, die Grafen von Andechs, aus.

Die hohen Adeligen verdankten ihren Reichtum dem ausgedehnten Grundbesitz, der nominell dem König als oberstem Lehnsherrn gehörte, vor allem aber auch ihrem Amt als Vögte der

Klöster, die sie als Schirmherren gegen Entgelt vertraten. Zu diesen Klöstern gehörten bei uns auch Benediktbeuern, zeitweilig auch Wessobrunn, Schäftlarn, Dietramszell, Dießen und später Andechs. Als Grundherren standen die Klöster bis 1803 an vorderster Stelle.

Die hohen Adeligen besaßen, genau wie die Klöster, eine Reihe von Ministerialen, Dienstleuten, die ihren Herren bei der Verwaltung ihrer Güter halfen, damit sozial aufstiegen und den kleinen Dorfadel bildeten. Daneben gab es „Hochfreie", die nicht zu solchen Diensten verpflichtet waren und deren Zahl im Laufe des Mittelalters arg dahinschmolz. Für Leutstetten sind sie belegt. Die Herren von Baierbrunn besaßen in Starnberg, Gauting und darüber hinaus erheblichen Grundbesitz. Als sich unter Ludwig dem Bayern seit 1330 bei uns der Status der Hofmarken entwickelte, zerfiel der Baierbrunner Besitz in die Herrschaften Gauting, Planegg und Baierbrunn.

Diese Hofmarken, die anfangs vom Landesherrn nur an die Klöster verliehen wurden, dann aber auch an einzelne Familien – sie konnten auch durch Kauf den Besitzer wechseln –, gaben den Besitzern die Immunität für ihr Grundeigentum und die dazugehörigen Dörfer. Die dort ansässigen Bauern waren Leibeigene (Grundholden) und als solche zins- und scharpflichtig. Dazu besaßen die Hofmarken die Niedere Gerichtsbarkeit. Nur die todeswürdigen Verbrechen mußten dem zuständigen Landrichter übergeben werden. Eine der bedeutendsten Hofmarken war bei uns Fußberg bei Gauting. Zeitweilig reichte ihre Herrschaft bis Pasing. 1621 kam sie in den Besitz des Klosters Andechs.

Die Landrichter wiederum waren Beamte der Wittelsbacher, die Bayern nach der Mitte des 13. Jahrhunderts neu durchorganisiert hatten. Für unser Gebiet waren die Landgerichte Starnberg und Dachau maßgebend. Ersteres besaß in Starnberg, Pasing und Wangen, letzteres etwa in Allach Gerichtsschrannen, Räume mit Schranken (daher der Name), in denen die Urteile gefällt wurden. Im 15. Jahrhundert wurden die drei Gerichtsschrannen in Starnberg zentralisiert. In Gauting war dem Landrichter – wie in Starnberg und Gilching – ein Schergenamt unterstellt.

Nach der Säkularisation von 1802/03 zog der Staat zunächst die Klosterhofmarken ein. Damit wurden fast die Hälfte der Bewohner seine unmittelbaren Untertanen; die Leibeigenschaft hob man 1818 auf. Die weltlichen Hofmarken, die nun Patrimonialgerichte hießen, wurden erst 1848 endgültig aufgelöst, so in Krailling und Planegg, wo die Freiherren von Hirsch noch heute als Bürger leben. Die Patrimonialgerichtsbarkeit von Leutstetten wurde schon 1828 vom Staat eingezogen. 1824 hatten bereits die Grafen von Yrsch ihre Herrschaft Königswiesen an den Staat veräußert. Die dortigen Gebäude wurden eingeebnet und die Gründe aufgeforstet. Einige dieser Hofmarkenbesitzer finden wir noch in Grabmonumenten und Gedenkplatten an den Kirchenwänden wieder, etwa die Dichtl in der Gautinger Frauenkirche, die Lung in Steinkirchen, die Hörwarth von Hohenburg in der Planegger Schloßkapelle oder die Neuburger in der alten Pasinger Kirche, aber auch in ihren Wappen, so die Weiler und von Pfetten in der Ulrichskapelle zu Königswiesen.

Viele dieser Adeligen, vor allem aber die Wittelsbacher, haben zur reichen Ausstattung unserer Kirchen beigetragen. Man braucht nur an Blutenburg, Pipping, Untermenzing, Königswiesen oder Starnberg zu denken. Auch die hohen Münchner Beamten und Patrizier, die in Jahrhunderten bei uns Besitz erwarben, haben durch Stiftungen mitgeholfen. Viele Künstler: Baumeister wie Leonhard Matthäus Gießl (St. Josef in Starnberg), Bildhauer wie Erasmus Grasser (vielleicht Pfingstaltar in Leutstetten, Kreuzigungsgruppe in Pipping), der Meister der Blutenburger Apostel (die dortige Schloßkapelle), Johann Baptist Straub (Buchendorf, Gauting, Maria Eich, Steinkirchen) oder Ignaz Günther (St. Josef in Starnberg) kamen aus München, andere aus Wolfratshausen, Tölz oder Starnberg. Man wird sie alle in den hier beschriebenen Kirchen finden, auch fast unbekannte mit oft erstaunlichem Können. Ihre Werke gehören zu unserer Landschaft, sind ihr schönster Schmuck und rühren an unser Herz.

Rolf Wünnenberg

Rechts: Die Hl. Familie zwischen St. Johann Nepomuk und Franz Xaver von Ignaz Günther am Hochaltar von St. Josef in Starnberg

Die Kirchen Starnbergs

Auf einem Moränenausläufer hoch über dem Ausfluß der Würm aus dem einst nach ihr be-
nannten See thront das Schloß Starnberg, 1244 erstmals urkundlich erwähnt als Eigentum der
Grafen von Andechs-Meranien und lange Zeit (von 1365 bis 1803) im Besitz der Wittelsbacher.
Von der Kultausstattung der *Schloßkapelle St. Anna*, die im 19. Jahrhundert zeitweise den Pro-
testanten Starnbergs als Betsaal diente, haben sich noch eine spätgotische Holzplastik und ein
etwa gleichzeitiges Tafelbild der Titelheiligen erhalten. Das Schloß gab schließlich dem darunter
am Seeufer in der Nähe der „Ach" gelegenen Fischer- und Bauerndorf Achhaim („Aham") den
Namen. *Die älteste Kirche* dieser Siedlung war dem hl. Georg geweiht und stand auf der heutigen Almeida-Höhe, vielleicht an der Stelle einer vorchristlichen Kultstätte. 1804 versteigert und
1827 abgebrochen, erinnert jetzt nur noch der St.-Georgen-Bach an dieses Gotteshaus. Unter
Mitwirkung des Klosters Benediktbeuern entstand wohl um 1200 an der Possenhofener Straße
(Nr. 5) die *Pfarrkirche St. Benedikt,* für die 1226 in einer Bernrieder Urkunde der Name des ersten Pfarrherrn „Fridericus" überliefert ist. Mehrmals umgebaut und zeitgemäß ausgestaltet,
wurde das Kirchengebäude durch den Neubau von St. Josef überflüssig, verfiel und wurde zuletzt ebenfalls abgerissen. Bei Grabungen 1919 konnte noch der Grundriß ermittelt werden. Bis
vor wenigen Jahren bewahrte ein Feldkreuz an dieser Stelle das Andenken, und noch heute zeigt
das Starnberger Heimatmuseum von St. Benedikt den alten Taufstein, sowie Tabernakel und Figuren eines barocken Seitenaltars.

Das dritte Gotteshaus, die jetzige *alte Pfarrkirche,* verdankt seinen (und seit 1763 Kurbay-
erns) Patron, den hl. Josef, und die dem Schloß ebenbürtige Lage dem bayerischen Kurfürsten
Max III. Joseph. Aus der Einsicht heraus, daß der Ort eine größere Pfarrkirche benötige, stiftete
dieser das Bauland, auf dem bis dahin ein kurfürstliches Sommerhaus gestanden war, und oben-

drein noch das durch dessen Abbruch gewonnene Baumaterial. Somit konnte der kurfürstliche Hofmaurermeister Leonhard Matthäus Gießl 1764–66 den Neubau errichten. Erst am 6. August 1770 erfolgte die feierliche Konsekration durch den Augsburger Weihbischof Franz Xaver Adelmann von Adelmannsfelden. Durch ihre Ausstattung erhebt sich die Josefskirche über das übliche Niveau einer Landkirche und erweist sich zugleich als eine Art Hofkirche, wie dies schon von weitem der elegante Turm ahnen läßt. Strahlender Blickfang des in Anlehnung an Bauten Johann Michael Fischers gegliederten Innenraums ist die streng im Dreieck um die goldene Weltkugel komponierte Figurengruppe der Hl. Familie, der „trinitas terrestris" (G. Woeckel), im sonst einfachen Hochaltar. Das ganz in Polierweiß gefaßte Bildwerk, in dem sich schon das Ende des Rokoko ankündigt, wurde wie die beiden flankierenden Statuen der Schifferpatrone Johann Nepomuk und Franz Xaver von dem berühmten Hofbildhauer Franz Ignaz Günther um 1766/68 aus Lindenholz geschnitzt. Wohl vom gleichen Künstler stammt die Kanzel, deren Schalldeckel auf einen flachen Baldachin reduziert ist, auf dem sich gerade der riesige Adler des Evangelisten Johannes niederläßt. Die Bilder der beiden Seitenaltäre: hl. Petrus (von Wilhelm Hauschild) und hl. Sebastian (von Eduard Schwoiser), kamen erst anläßlich einer Renovierung 1854 in die Kirche.

In den vom verhältnismäßig sparsam verwendeten zarten Rokokostuck des Hofstukkators Franz Xaver Feichtmayr eingefaßten qualitätvollen Deckengemälden schuf durch Vermittlung des Kurfürstlichen Pflegers Franz Weigl Thomas Christian Wink (1738–97) sein erstes großes Freskowerk, das ganz auf den Kirchenpatron ausgerichtet ist: In der Chorkuppel bitten Kurbayern, die Stände Starnbergs (vom Kurfürstlichen Pfleger, über den Bauherrn der Kirche, Pfarrer Joseph Anton Martin von Bschaidn, bis zu den Bauern und Fischern) und sonstige Hilfsbedürftige Josef und Maria um Fürsprache bei der Heiligsten Dreifaltigkeit. Die vier zugehörigen

Das Innere der Starnberger Pfarrkirche Maria – Hilfe der Christen

Zwickelkartuschen zeigen als typologischen Vergleich das Auserwähltsein des alttestamentarischen Joseph (Gen 37,7–9). Im Gemeinderaum wird beispielhaft das Alltagsleben der Hl. Familie vor Augen geführt. Über der Orgel erscheint die Divina Providentia, die Göttliche Vorsehung, deren Wirken ja besonders auch am hl. Josef offenbar wurde, und verweist auf ein von Engeln getragenes Füllhorn mit Werkzeugen und Insignien, Zeichen für die mannigfaltigen Bestimmungen der Menschen. Die allegorischen Szenen der acht monochromen Zwickelbilder veranschaulichen Tugenden des hl. Josef: Reinheit, Gerechtigkeit, Sanftmut, Fleiß, Tüchtigkeit, Gotteserkenntnis, Sparsamkeit und schließlich als Preis dafür die Krone der Tugend.

Nach der Eröffnung einer Bahnverbindung nach München und der Dampfschiffahrt auf dem See um die Mitte des 19. Jahrhunderts wurde Starnberg bald zum beliebten Wohnort des wohlhabenden Bürgertums. Dadurch stieg die Zahl der Katholiken derart, daß die bisherige Pfarrkirche nicht mehr ausreichte und deshalb noch 1885 ein Kirchenbauverein gegründet wurde. Der Ausbruch des Ersten Weltkrieges und die folgende Inflation machten die seit 1900 laufenden Planungen zunichte; sogar der schon erworbene Bauplatz wurde 1920 wieder verkauft. Doch schließlich gelang es in einem erneuten Anlauf, den Augsburger Architekten Prof. Michael Kurz für den Neubau zu gewinnen, zu dem dann am 17. Mai 1932 der Grundstein gelegt wurde. Schon ein Jahr später, am 30. Juli 1933, konnte die Kirche *Maria, der Hilfe der Christen,* geweiht werden. Die mächtige dreischiffige Hallenkirche, in ihrer kubischen Klarheit und Geschlossenheit an gotische Bettelordensarchitektur erinnernd, fand ihren Standort wieder unten in der inzwischen (1912) zur Stadt erhobenen Siedlung, unweit der ersten Pfarrkirche St. Benedikt. Beherrscht wird der weite harmonische Innenraum von dem umstrittenen, monumental die ganze Altarwand füllenden Fresko des Starnberger Malers Theo Geyr (1934–37), einem Geschenk der Stadtverwaltung: Im Zentrum einer apokalyptischen Vision thront als ruhender Pol Maria mit dem Erlöser, umtobt vom Kampf der Kirche gegen ihre Widersacher. Über sie hält der Weltenschöpfer in machtvoller Ge-

bärde seinen Arm. In dem unvollendeten, eher monochrom wirkenden Gemälde, das seine Entstehungszeit nicht leugnen kann, sind Elemente der abendländischen Malerei seit Dürer und Michelangelo verarbeitet. Die Statuen der beiden Seitenaltäre von 1936 (Muttergottes und hl. Josef), die Apostelfiguren an den Langhauspfeilern (Lindenholz, 1939/53), die marmornen Kanzelreliefs von 1939 (Christus gebietet auf Flehen der ,,Menschenfischer" dem Seesturm bzw. das Gleichnis vom Sämann – beides neben einer für Predigtstühle passenden Aussage auch eine Anspielung auf den ursprünglichen Fischer- und Bauernort, 1939), der Kreuzweg von 1952 und das Tympanonrelief des Hauptportals von 1933 (Mariä Verkündigung) sind ausdrucksvolle Hauptwerke von Prof. Karl Bauer, München, die Plastiken Ernst Barlachs nahestehen.

Sakramentshäuschen und Statue des heiligen Achatitus in der Valentinskirche zu Percha

Die Kirchen Perchas

Das Gegenstück zum alten Starnberg bildet am Moränenhang jenseits des Würmursprungs das heute mit der Kreisstadt politisch vereinte Percha. Schon 785 gelangten Ort und Kirche durch Stiftung an das Benediktinerkloster Schäftlarn, das in den Wirren der Ungarneinfälle zugrunde ging. Nach der Errichtung einer Prämonstratenserpropstei dort 1140 wurde auch die Perchaer Valentinskirche neu erbaut und am 11. Juli 1172 von Bischof Albert von Freising geweiht. Unter Propst Leonhard Schmid (1490–1527) erfolgte, wie das Glasgemälde von 1492 neben dem Achatiusaltar bezeugt, eine Gotisierung des Kircheninterieurs, nachdem schon 1480 das romanische Langhaus erhöht und ein neuer Chor angefügt worden war. Auf einer Weihereise konsekrierte am 22. Juni 1712 Suffraganbischof Johann Sigismund Zeller die beiden einzigen Altäre zu Ehren der Heiligen Valentin und Achatius, doch muß deshalb nicht unbedingt eine gleichzeitige Neuausgestaltung angenommen werden. Mit der Aufhebung von Kloster Schäftlarn 1803, das u. a. auch seit 1389 Fischereirechte an der oberen Würm besaß, wurde Percha kommunal selbständig, pfarrlich aber blieb es Schäftlarn unterstellt. 1936 kam es an die Pfarrei Aufkirchen, 1948 wurde es zur Expositur und 1958 zur Pfarrei erhoben, die – im Gegensatz zur Starnberger – dem Erzbistum München und Freising angehört.

Die kleine *Kirche St. Valentin* steht auf halber Höhe, von einem bereits 1315 erwähnten Friedhof umgeben. Das große Satteldach und der spitze Dachreiter sind heute verschiefert. Die Kirche betritt man durch ein Vorzeichen im Westen, das ursprüngliche Nordportal ist vermauert. Der netzrippengewölbte Polygonalchor und das hohe, flachgedeckte Langhaus sind ausnahmsweise gleich breit, aber durch einen stark einspringenden Triumphbogen voneinander getrennt, der zugleich die (auch außen sichtbare) Baunaht markiert. Die drei neugotischen Baldachinaltäre sind eine Schenkung von 1873/74 und nur der Hochaltar birgt noch ein spätgoti-

sches Bildwerk, das des Kirchenpatrons St. Valentin um 1440. Im Sakramentshäuschen von 1511 mit dem Wappen der Thorer zu Eurasburg ist heute eine von Abt Hermann Joseph Frey gestiftete Statuette des gegeißelten Heilands von ca. 1720 aufgestellt. Daneben ist das noch original gefaßte Standbild des hl. Achatius aus der Werkstatt des sog. Meisters von Rabenden (1515/20) angebracht, dem auf der anderen Seite des Hochaltars die barocke hl. Margarethe antwortet. An der Langhausnordwand sind seit der Renovierung von 1972 um eine thronende Patrona Bavariae des Barock Votivbilder des 18. Jahrhunderts gruppiert, die von der Hilfe des hl. Valentin künden. Gegenüber hängt ein Gemälde vom Anfang des 16. Jahrhunderts mit dem Martyrium des hl. Achatius und seiner Gefährten – ein Thema, das vorher schon genauso drastisch an der Ostseite des Chorbogens in St. Georg/Obermenzing dargestellt wurde.

Grabmal Herzog Ferdinands von Kalabrien auf dem Friedhof von Rieden

Um die besonders nach dem Zweiten Weltkrieg sehr angewachsene Bevölkerung aufnehmen zu können, wurde 1957/58 an der Straße nach Berg ein neues Gotteshaus durch Josef Rampl, München, aufgeführt. Diese erste *Pfarrkirche* Perchas ist, wie die Bronzegruppe von J. Baldhuber, Gräfelfing, an der Fassade zeigt, dem *hl. Christophorus* geweiht, der nach Befunden von 1948 einst auch in St. Valentin abgebildet war. Durch die Struktur der Flachdecke und die Anordnung des Gestühls ist der breitgelagerte Saalbau auf die Altarinsel vor der Ostwand zentriert. Über dem sarkophagähnlich von Reliefs (mit Szenen aus dem Alten und Neuen Testament) umzogenen Altarstein von R. Grübel, München, scheint das mächtige Hängekreuz Baldhubers zu schweben. Auch die Betongußreliefs des Kreuzwegs, der an der Altarwand in der Vision der Parusie gipfelt, stammen von Grübel. – Über Percha erhebt sich mit dem Zwiebelturm seiner *St.-Bonaventura-Kapelle* schloßartig das 1935 eingeweihte St.-Josephs-Heim, ein von Franziskanerinnen aus der St.-Josephs-Kongregation Ursberg betreutes Altenheim.

St. Peter Petersbrunn und Rieden

Heute von der Pfarrei Starnberg aus betreut, liegt westlich der Würm auf der Endmoräne des sog. Leutstettener Amphitheaters bei dem 1904–1978 im Besitz der Wittelsbacher befindlichen Gut Rieden die kleine Kirche St. Peter, von einem idyllischen, mit hohen Fichten bestandenen Friedhof umschlossen. Sie erhielt vermutlich ihr Patrozinium nach der über einer Quelle errichteten St.-Peters-Kapelle in Petersbrunn (sofern die um 750 von dem Priester Kerolt an der Würm gegründete Peterskirche mit dieser Kapelle identisch ist): Denn seit 1389 waren sowohl Petersbrunn, das damals „Brunn zu Rieden" hieß, als auch Rieden selbst, Eigentum des Klosters Schäftlarn und bildeten eine Verwaltungseinheit (Propstei Rieden). Mit der Gründung eines bis ins vorige Jahrhundert mit unterschiedlichem Erfolg existierenden „wildpads" in Petersbrunn durch Herzog Wilhelm IV. um 1513 wurde auch die dortige Kapelle neu erbaut. Diese stattete man 1713 mit einem neuen Altar aus, der von Wolfratshausener Künstlern (Bildhauer Anton Khrinner, Kistler Matthias Pfättischer, Maler Wolfgang Heigl) geschaffen worden war und bereits 1749 von Katharina Schilcher aus Rott bei Wessobrunn wieder renoviert werden mußte. Letztere malte dann gleichzeitig auch noch die Kapelle aus. Jetzt ist der kleine Bau völlig ausgeräumt und harrt der notwendigen Restaurierung.

Die aus der Spätgotik stammende Riedener Kirche erhielt durch einen Umbau des 17. Jahrhunderts, bei dem man ein Vorzeichen und die Sakristei anfügte, sowie eine barocke Zwiebelhaube aufsetzte, ihr heutiges Aussehen. Bis vor wenigen Jahren besaß sie auch noch gute Ausstattungsstücke aus jener Zeit: vor allem den von dem Wolfratshausener Bildhauer und Maler Georg Wunderl 1669 verfertigten Hochaltar, in dessen Schrein der hl. Petrus im päpstlichen Ornat thronte, assistiert von den beiden hll. Bischöfen Erasmus und Nikolaus; dann den Seitenaltar Weilheimer Meister von 1697/99, die Rosenkranzmadonna aus der Landsberger Luidl-Werkstatt oder das 1729 von Josef Krinner geschnitzte und von dem seit 1720 in Starnberg ansässigen und mehrmals für St. Peter und die Starnberger Kirchen tätigen Maler Ignaz Biedermann, einem Schwiegersohn des Münchner Hofmalers Gottfried Nikolaus Stuber, gefaßte Kruzifix. Dies alles fiel leider (bis auf das Kreuz) dem Bildersturm der Anfang der 70er Jahre durchgeführten Restaurierung zum Opfer und modert seitdem in Starnberger Lagerräumen. Nur noch der freigelegte gotische Altarstipes und das ab 1906 von dem Hildebrand-Schüler Knut Akerberg geschaffene klassizistische Grabmal der Prinzessin Mathilde von Sachsen-Coburg-Gotha (1877–1906), einer Schwester Kronprinz Rupprechts, zieren den Raum. Ein weiteres Mitglied des Hauses Sachsen-Coburg-Gotha (Prinz Antonius) wurde 1970 auf dem Friedhof beigesetzt. In der Reihe davor zeugen Gräber von der verwandtschaftlichen Verbindung der Häuser Wittelsbach und Bourbon: Hier ruhen der Chef des ehem. Königshauses beider Sizilien, Herzog Ferdinand von Kalabrien (1869–1960), seine Gemahlin Maria, Tochter König Ludwigs III. (1872–1954), Roger von Bourbon, Prinz beider Sizilien (1901–1914), und Maria Antonietta von Bourbon, Prinzessin beider Sizilien (1898–1957).

St. Alto Leutstetten

„Liucilstat" (= kleine Hofstatt) wird erstmals – zusammen mit Gauting (villa regia Cuittinga) und Buchendorf (?) – um 800 in einer Schenkung der fränkischen Prinzessin Kysila (Tochter Karls des Großen?) an das Kloster Benediktbeuern erwähnt. Das 1565 vom Herzoglichen Rat Hans Urmüller angeblich aus Steinen der zerstörten Karlsburg, nach Aventin Geburtsstätte Karls des Großen, erbaute Schloß ging 1875 in den Besitz der Wittelsbacher über und erlangte als Alterssitz Kronprinz Rupprechts gewisse Berühmtheit. Obwohl seit 1. Mai 1978 der Stadt Starnberg eingemeindet, wird Leutstetten nach wie vor von der Pfarrei Gauting aus seelsorglich betreut.

Das dem hl. Alto geweihte Kirchlein, ein aus der Romanik stammender einschiffiger Bau, wurde im 15. und 17. Jh. verändert und erhielt nach einem Blitzschlag 1738 über dem rechteckigen Chor durch den Planegger Maurermeister Johann Kempter das heutige zierliche Zwiebeltürmchen. Der in Art eines dreitorigen Triumphbogens gestaltete Hochaltar mit spätgotischen Reminiszenzen ist das Gemeinschaftswerk des Starnberger Kistlers Hans Nursch, des Tölzer Bildhauers Johann Khrinner und des Wolfratshausener Malers Hans Georg Irnkauf von 1665. Zu seiner Aufstellung 1666 wurde auch der später für St. Peter in Rieden und St. Michael in Buchendorf tätige Maler und Bildhauer Georg Wunderl aus Wolfratshausen beigezogen. 1735

führte der Starnberger Maler Ignaz Biedermann an allen drei Altären der Kirche Ausbesserungsarbeiten durch. Im gleichen Jahr wie in Petersbrunn (1749) malte Katharina Schilcher aus Rott bei Wessobrunn auch in Leutstetten das Gotteshaus neu aus, nachdem die jetzige Westempore eingezogen worden war.

Die Statuen des Hochaltars – Muttergottes (der Kopf eine moderne Ergänzung), flankiert von den Heiligen Elisabeth und Alto – stammen aus dem 1. Viertel des 16. Jahrhunderts. Gemäß der auch im Langhausfresko von einem unbekannten Künstler 1789 dargestellten Vision des hl.

Das idyllisch gelegene Peterskirchlein neben dem Gut Rieden

Gründers und ersten Abts von Altomünster Alto während der hl. Wandlung ist dem Kirchenpatron ein Kelch mit einem Christkind darüber als Attribut beigegeben. Bedeutendstes Stück der Kirchenausstattung ist das trefflich geschnitzte Relief des *Pfingstwunders* am linken Seitenaltar, das von einem Münchner Bildschnitzer um 1480/90 stammt (Philipp M. Halm schreibt es Erasmus Grasser, Hans Ramisch neuerdings einem Mitglied der Haldner-Werkstatt zu, doch ist beides nicht wahrscheinlich). Die barocke Lüsterfassung (die entstellenden Übermalungen von 1867 konnten 1973/74 von dem Würzburger Restaurator Peter Pracher entfernt werden) mindert nicht die ursprüngliche Ausdruckskraft. Um Maria geschart und in Petrus gipfelnd, ist jeder der Apostel für sich charakterisiert, wobei jeweils auch die individuelle Reaktion auf das Geschehen der Geistausgießung veranschaulicht wird. Das Gegenstück zum Pfingstaltar bildet der Annenaltar mit den volkstümlichen Figuren der beiden Hirten- und Bauernpatrone Wendelin und Isidor zu seiten der hl. Anna selbdritt und mit dem hl. Georg im Auszug (Weilheimer Künstler, Anfang 18. Jh.). Im Chorbogen schwebt eine ebenso erwähnenswerte Madonna im Rosenkranz, aus etwa der gleichen Zeit. Unter der Empore ist in einer Nische ein 1643 von Sibilla Regina von Starzhausen gestifteter Flügelaltar der in Oberbayern einst hauptsächlich in Schlehdorf bei Pest und in Kindsnöten angerufenen hll. drei Jungfrauen „Ainpet, Gberpet und Firpet" aufgestellt. Auf den Seitentafeln sind die Heiligen Koloman (?),

Wolfgang, Nikolaus und Leonhard zu sehen. Ursprünglich stand der Altar in einer wohl 1605 errichteten Kapelle am südlichen Ortseingang von Leutstetten, die aber zu Anfang des 19. Jahrhunderts profaniert und schließlich in den Neubau eines Hauses, das heute noch „Zum Einbettl" heißt, miteinbezogen wurde. Unter der modernen Mensa des Annenaltars zeugt ein römischer Inschriftenstein, der dem aus Braga in Portugal gebürtigen Publius Julius Pintanus, einem ehem. Decurio eines Reiterregiments und Stadtrat, von seiner Ehefrau gesetzt worden war, von der reichen Geschichte des Würmtals.

Spätgotisches Relief des Pfingstwunders in St. Alto/Leutstetten

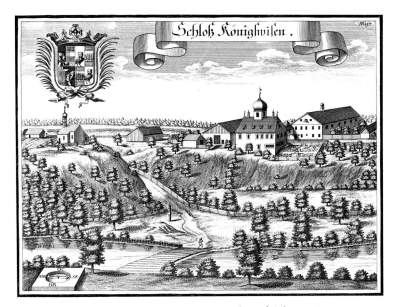

Schloß und Ulrichskapelle von Königswiesen, Stich von Michael Wenning, Anfang 18. Jh. – S. 15: Die von Hans und Katharina Ligsalz gestifteten Glasgemälde des Jakob Kistenfeger (1515/20) in der Gautinger Pfarrkirche St. Benedikt.

St. Ulrich Königswiesen

An das erstmals um 934 in einem Ebersberger Besitzerverzeichnis erwähnte „Chuningiswisun", das nicht zu verwechseln ist mit der gleichnamigen modernen Gautinger Villenkolonie weiter flußabwärts, erinnert heute nur noch die mitten im Wald hart am westlichen Rand des Würmdurchbruchs liegende Ulrichskapelle (610 m ü. M.), auf ca. halbem Weg zwischen Mühltal und Gauting. Auf dem durch einen tiefen Einschnitt davon getrennten Areal im Norden stand auf gerodeter Fläche ein Königsgut, zumindest seit karolingischer Zeit. Um 1280 erwarb Herzog Ludwig II. der Strenge von Truchseß Otto von Baierbrunn „Chuniswise" nebst der „Reismul an der Wirm" und schenkte sie den Dominikanerinnen von Altenhohenau. Doch schon 1314 tauschten sie die Herzöge Rudolf I. und Ludwig IV. (noch im gleichen Jahr König und seit 1328 Kaiser) wieder zurück. 1494 gab Albrecht IV. der Weise das Gut Königswiesen Hans Weiler zu Lehen, in dessen Familie bzw. Schwägerschaft Königswiesen bis ins 17. Jahrhundert blieb. 1507 ließ hier Herzog Wolfgang ein Jagdschloß errichten. Auf die Weiler folgten als weitere Besitzer der Hofmark die von Hörwarth (ab 1624), von Pfetten (ab 1664), von Zech (ab 1754) und schließlich (ab 1799) Christian Graf von Yrsch, der 1824 den Wald dem bayerischen Staat verkaufte. Nachdem 1864 auch das Gut in Staatsbesitz übergegangen war, erfolgte der Abbruch der Gebäude und eine allmähliche Aufforstung des Geländes.

Heute birgt die in spätgotischer Zeit erbaute, aber erst 1524 genannte Ulrichskapelle keine bedeutenden Kunstwerke mehr, konnten doch schon am 8. Juli 1800 von den durchziehenden französischen Truppen nur noch ein Kelch und einiges Kirchensilber geraubt werden. Das äußere Erscheinungsbild des Kirchleins hat sich – mit Ausnahme des veränderten Zugangs – seit der Wiedergabe durch Michael Wening zu Anfang des 18. Jahrhunderts nicht mehr verändert: ein einschiffiger Bau mit eingezogenem Rechteckchor und mit im Norden angefügter Sakristei, auf dessen Satteldach das typische Zwiebeltürmchen sitzt. Die mit Jahreszahl und Beischrift versehenen Wappen am Triumphbogen (wie die Chorfresken mehrfach übermalt und zuletzt 1931/32 restauriert) repräsentieren die bayerischen Herzöge Sigismund (1478), Albrecht IV. (1494), Wilhelm IV. (1521) und Albrecht V. (1570) als Lehensherren von Königswiesen und Gönner der Kapelle. An der Nordseite des Altarraums ist oben die Familie des Hans Weiler (um 1500) und unten die des Lienhart bzw. Kaspar Weiler (wohl 3. Viertel 16. Jh.) dargestellt, denen auf der Gegenseite die Bilder und Wappen des Johann Franz (1670), Sigmund Marquard (1674), Maximilian Leopold (1716) und Franz Ignaz (1748) Freiherrn von Pfetten und ihrer Gemahlinnen, alle Besitzer der Hofmark, entsprechen.

Die Kirchen Gautings

Schon zur Römerzeit entwickelte sich hier an der Kreuzung zweier wichtiger Verkehrsverbindungen im Schutz einer Militärstation ein Dorf namens Bratananium. Im 7. Jahrhundert ließ sich an derselben Stelle die bajuwarische Sippe des Godo (Cotto) nieder, die dem heutigen Ort die Bezeichnung gab. Angeblich stattete Herzog Tassillo III. sein um 753 gegründetes Kloster Wessobrunn außer mit Gütern in Menzing, Moosach, Sendling und anderswo auch mit solchen in „Goutingen" aus. Jedenfalls sind sie 10 Jahre später im Klosterbesitz aufgezählt. Etwa 1150 erfahren wir erstmals den Namen eines Priesters: „Adelbert von Gutingin". In einem Verzeichnis der Pfarreien des Bistums Freising von 1315 wird Gauting mit den Filialkirchen St. Michael/Buchendorf, St. Alto/Leutstetten und St. Vitus/Stockdorf (zu denen später noch St. Ulrich/Königswiesen und die nicht mehr vorhandene Kapelle St. Nikolaus /Kreuzing kamen) als zum Dekanat München gehörig erwähnt. Nachdem sich schon im 15. Jahrhundert der Sitz der Gautinger Pfarrei teilweise in Buchendorf befand, wurde er ab etwa 1580 ohne für uns ersichtlichen Grund ganz dorthin verlegt und kam erst 1904 wieder an die Pfarrkirche zurück. Die Herrschaft über Gauting übten seit dem Mittelalter zum Teil die Besitzer von Schloß Fußberg aus, seit 1420 die Pütrich, ab 1514 die Ligsalz (beides Münchener Patrizierfamilien), ab 1560 die Dichtl von Tutzing, dann ab 1617 die Weiler auf Königswiesen und schließlich ab 1621 bis zur Säkularisation die Pfleger des Klosters Andechs.

Das Patrozinium der *Pfarrkirche St. Benedikt* weist wohl wie in Starnberg auf den Einfluß des Klosters Benediktbeuern hin, das hier seit der Schenkung von Prinzessin Kysila um 800 eine Zeitlang begütert war. Der älteste uns bekannte Kirchenbau stammt vom Ende des 15. Jahrhunderts. An ihn erinnert noch der hochaufragende Sattelturm. Altersschwach und viel zu klein geworden, mußte das im Barock umgestaltete Gotteshaus dem am 2. Juni 1935 eingeweihten Neubau des Münchener Architekten Georg W. Buchner (1890–1971) weichen, der auch Leiden Christi in Obermenzing, Herz Jesu in Gräfelfing (1970 abgebrochen) und den Erweiterungsbau der Altlochhamer Kirche schuf. Die jetzige breite Wandpfeileranlage wird von einer wuchtigen Balkendecke überspannt, deren – ähnlich wie bei Staffelhallen – höher liegender Mittelteil das Kirchenschiff mit dem stark herausgehobenen, eingezogenen Rechteckchor zusammenbindet (vgl. etwa auch Buchners Hl. Geist/Pullach). Nach dem Vorbild der päpstlichen Basiliken Roms ist der einstige Hoch- und jetzige Sakramentsaltar durch einen schmiedeeisernen Bal-

dachin ausgezeichnet. In dem Rundfenster darüber thront die Majestas Domini von Prof. Karl Knappe, München, in der anstelle eines ursprünglichen Christkönig-Bildes des gleichen Künstlers das Jüngste Gericht gipfelt, an der Altarwand nach dem Zweiten Weltkrieg von dem Gautinger Hans Schellinger in wenigen monumentalen Figuren gemalt. Dem Ende der Heilsgeschichte sind deren Ursache, die Vertreibung der schuldig gewordenen Stammeltern aus dem Paradies (links), und deren zentrales Geheimnis, die Menschwerdung und der Erlösungstod des Gottessohnes (rechts), an die Seite gestellt.

Von größter historischer wie kunsthistorischer Bedeutung sind im Langhaus von St. Benedikt die Reste von Glasfenstern der Spätgotik und Renaissance, mit denen sich die Herren von Schloß Fußberg und Königswiesen ein Denkmal setzten; links vorne: Ecclesia reitet auf dem Tetramorph (1. Hälfte 16. Jh.), Johannes Evangelist mit Wappen der Ligsalz (um 1515/20, dem Münchener Jakob Kistenfeger zugeschrieben, von dem sich u. a. auch Werke in Amperpettenbach, in der Münchener Frauenkirche und in Holzkirchen/Lkr. Fürstenfeldbruck erhalten haben), dann eine Kreuzigung und die Muttergottes, 1551 von Kaspar Weiler und seiner Frau Maria Sabina, geb. Barth, gestiftet; rechts vorne: hl. Leonhard mit Lienhart Weiler (?) und hl. Dorothea mit Widmung der Dorothea Schluder, geb. Pütrich (beide kurz nach 1500), der auferstandene Heiland mit Hans Ligsalz und der Kirchenpatron St. Benedikt mit dessen Gemahlin Katharina, geb. Knöll (beide von Jak. Kistenfeger 1515/20). Ein fünftes Fenster ist in der Taufkapelle aus spätgotischen Fragmenten zusammengesetzt.

Den zahlreichen Schenkungen und Epitaphien nach zu schließen beliebter (und nach Alexander von Reitzenstein vielleicht auch älter) als St. Benedikt war die nach der Kriegszerstörung von 1422 wohl bis gegen 1465 (Zächerl-Meßstiftung) erneuerte und 1489 von Silvester Schöttl

Gg. Buchners gewaltiger Saalraum von St. Benedikt in Gauting

„Maurer zu Holzkirchen" (Inschrift hinter dem Hochaltar) mit dem heutigen Chor versehene *Frauenkirche,* Friedhofs- und zugleich Wallfahrtskirche, die wegen ihrer erhöhten Lage auch „Obere Kirche" genannt wurde. Das zeigt auch die Fülle qualitätvoller Ausstattungsstücke verschiedener Stilepochen in dem eher schlichten, im Langhaus üblicherweise flachgedeckten Bau der Spätgotik: Als Stiftung des auf Königswiesen residierenden Sigmund Marquard Frhr. von Pfetten-Arnbach und seiner Gemahlin Maria Johanna, geb. von Hörwarth (vgl. Wappen), entstand gegen 1683 der Hochaltar mit dem spätgotischen Gnadenbild der thronenden Muttergottes im Zentrum, bis zur Blüte von Maria Eich Ziel einer jahrhundertelangen Wallfahrt. Wie später auf der Bildfahne der 1732 gegründeten Rosenkranz-Erzbruderschaft und auf dem Kanzelgemälde knien seitlich die beiden Heiligen Dominikus und Katharina von Siena, denen der Legende nach von Maria bzw. ihrem Kind der Rosenkranz übergeben worden ist. Sie vermitteln zu den seit ihrer Neuaufstellung vor dem Altar stehenden heiligen „Christusträgern" Josef und Antonius von Padua. Noch bedeutender sind die wohl von dem Münchener Hofbildhauer Johann Bapt. Straub und seiner Werkstatt geschaffenen Seitenaltäre: rechts der hervorragende Josefsaltar mit dem unter einem Baldachin sitzenden Altarpatron im Mittelpunkt, flankiert von den hll. Anna und Barbara; im Auszug die Büste des hl. Johann Nepomuk und an der Predella die des hl. Apostels Judas Thaddäus von hohem künstlerischem Rang. Nicht so subtil sind die Figuren des im Aufbau identischen Annenaltars geschnitzt, zu dessen Errichtung (anstelle des 3 Jahre zuvor abgebrannten Seitenaltars von 1682) Anna Knoller aus Mühltal 1743 100 Gulden beisteuerte. Gerahmt von den hll. Johann Baptist und Evangelist, die mit dem hl. Johann Nepomuk des Gegenaltars korrespondieren (vgl. umgekehrt auch die zwei weiblichen Assistenzfiguren am „Männeraltar"), unterweist die hl. Anna ihr Töchterchen Maria; darüber ihr Gemahl,

Der typisch spätgotische Raum der Frauenkirche in Gauting   17 der hl. Joachim, zwischen den Pestheiligen Sebastian und Rochus. Ebenfalls aus den 40er Jahren des 18. Jahrhunderts stammt die Kanzel mit dem hl. Michael als Seelenwäger auf dem Schalldeckel, wie die Seitenaltäre von dem Münchener Hofmaler Anton Zächenberger (vgl. auch Maria Eich) gefaßt. Wie in Buchendorf, Leutstetten oder einst auch in Rieden, Steinkirchen und Percha hängt im Triumphbogen eine beachtenswerte Statue der Rosenkranzkönigin aus der 2. Hälfte des 17. Jahrhunderts.

Unter den Dichtl wurde der Chor der vorher schon mit Grabmonumenten versehenen Frauenkirche (vgl. besonders die Grabplatte der Magdalena Ligsalz, geb. Pütrich, von 1534) zur herrschaftlichen Grablege und Hofkapellle umgestaltet: Seitdem scharen sich um den Gnadenaltar die guten figürlichen Rotmarmorepitaphe von Hans W. († 1590) und Margaretha († 1589), Ludwig († 1607) und Jakobäa Dichtl († 1604). Gleichzeitig erhielt dieser Raumteil einen ansehnlichen frühbarocken Freskenschmuck (1961/62 freigelegt), in den man im Sinn der damaligen Zeit (Dürer-Renaissance!) traditionsbewußt die spätgotische Malerei über dem Hochaltar (Symbole der vier Evangelisten, Engel mit Leidenswerkzeugen) miteinbezog. Während das

Gewölbeprogramm auf das Jüngste Gericht an der Innenseite des Chorbogens orientiert ist (durchsetzt von den Wappen des bayerischen Herzogs und der Ligsalz an den Schlußsteinen), wird in dem nicht mehr vollständigen Wandzyklus Maria als Gottesgebärerin (dazu passend der Vergleich mit einer hochverehrten Monstranz, heute, bzw. einem Sakramentshäuschen, damals), siegreiche Friedensbringerin und Königin des Himmels gepriesen. Ein weiteres, gegen Ende des 15. Jahrhunderts entstandenes Wandgemälde, Rest einer ursprünglich das ganze Kirchenschiff überziehenden spätgotischen Bemalung, zeigt an der Nordseite des Langhauses den hl. Christophorus. Erwähnt sei noch über dem Südportal das aus der Pfarrkirche stammende Renaissancebild der Anbetung des Christkinds durch die Heiligen Drei Könige von 1571.

Krönung Mariens, frühbarockes Wandgemälde im Chor der Gautinger Frauenkirche. – S. 19: Rokokostatue des hl. Michael von Joh. Bapt. Straub am Hochaltar in Buchendorf

ST. MICHAEL

St. Michael Buchendorf

Erstmals zweifelsfrei im 12. Jahrhundert als „Pouchardorf" erwähnt, dürfte der in der alten Kulturlandschaft der Schotterhochebene östlich Gautings gelegene Ort (vgl. etwa die nahe spätlatènezeitliche Kultanlage und die Römerstraße) wohl schon auf eine Rodung des 8. Jahrhunderts zurückgehen und mit dem in der Stiftung Kysilas um 800 genannten „Buuhe" identisch sein. Die schlichte, mehrmals veränderte Michaelskirche mit dem flachgedeckten Saalraum und dem gewölbten Polygonalchor vertritt heute wieder – von den späteren Anbauten der Sakristei und des Vorzeichens abgesehen – die für dieses Gebiet typische Anlage einer spätgotischen Landkirche und zeigt nicht nur darin eine große Ähnlichkeit mit der Gautinger Frauenkirche. Letzteres mag sich mit daraus erklären, daß die (ab 1. 1. 1978 auch politisch zu Gauting gehörige) Filiale Buchendorf im 15. Jahrhundert sporadisch und von etwa 1580 bis 1904 gänzlich Sitz der Pfarrei Gauting war.

Das Innere ist seit der Restaurierung unter und durch Pfarrer Josef Winklmeier 1962 hauptsächlich geprägt von der Ausgestaltung von 1595 unter Kaspar Sedlmair, Gauting, und Pfarrer Eustachius Hofmair (vgl. Inschriften im und am Chor), bei der das Gotteshaus seinen (im Vergleich zu dem der Gautinger Frauenkirche naiveren und volkstümlicheren) Freskenschmuck erhielt: an der nördlichen Langhauswand in gemalten Ornamentrahmen die Passion Christi vom Abendmahl bis zur Verspottung, wobei die Szene der Fußwaschung durch die Rekonstruktion des gotischen Fensters zerstört wurde, an der Südwand der hl. Georg im Kampf mit dem Drachen; im Chor – analog zur Dichtl-Grablege in Gauting – gemalte Epitaphien: Schutzmantelmadonna im Kreis der 15 Gesätze des Rosenkranzes, Rechtfertigung des Menschen vor Gottes Thron, Huldigung des Gottessohnes durch die Könige und Nachfolge Christi, dazwischen die Bildnisse der vier abendländischen Kirchenväter. Zusammengefaßt werden beide Zyklen in dem Jüngsten Gericht über dem Chorbogen.

In dem über einem gotischen Stipes aufsteigenden frühbarocken Hochaltarretabel steht, flankiert von den hll. Johann Bapt. und Helena (17. Jh.), in höfisch eleganter Pose die Rokokostatue des hl. Michael als Seelenwäger, schon 1772 im Oeuvre Joh. Bapt. Straubs aufgeführt. Zum Kirchenpatron fügen sich die beiden Ritterheiligen und Bannerträger Georg und Florian zu seiten des Triumphbogens, gute Schnitzarbeiten der gleichen Zeit. Von den zumeist von ehemaligen Seitenaltären stammenden, zahlreich über die Kirche verteilten Figuren seien genannt die hll. Päpste Urban und Silvester in den Nischen des Chorhaupts (16. Jh.) sowie die spätgotische Anna selbdritt (aus Marmor) unter der 1674 von dem Bernrieder Kistler Hans Probst geschaffenen, im 19. Jahrhundert aber neu bemalten Kanzel. Aus Gauting kommt die schöne, zur persönlichen Andacht anregende Pietà, ein Spätwerk des sog. Weichen Stils (1440/50), an der Chornordseite. Eine später überarbeitete Votivtafel von 1649 erinnert an den Waisenpfleger zu München Georg Locher.

St. Benedikt Pentenried

Politisch zu Krailling, pfarrlich jedoch zu Gauting gehörig, geht Pentenried vermutlich auf eine Rodung des namengebenden Klosters Benediktbeuern zurück, in dessen Besitz es bis 1726 verblieb, um dann an die Hofmark Planegg zu gelangen. Erstmals 1253 als „Sancti Benedicti Riede" erwähnt und noch 1642 „Benedictenried" geheißen, kommt ab 1599 auch die Abwandlung „Pen(d)terried" in Urkunden vor. Bis in unser Jahrhundert herein bestand Pentenried aus wenigen Häusern (1925 z. B. nur noch 2) und wuchs erst nach 1947 durch die Errichtung einer Siedlung, die vor allem für Vertriebene aus dem Sudetenland zur zweiten Heimat wurde, zur jetzigen Größe heran. Am 7. Dezember 1958 konnte der dringend notwendig gewordene Kirchenneubau des Wolfratshausener Architekten Konstantin Blum zu Ehren des Patrons des Ortes und der Pfarrei eingeweiht werden.

In das einfache, am Ortsrand gelegene Gotteshaus, einen einschiffigen
Bau mit polygonalem Altarraum und
vorspringendem Turm an der Südwestecke, stifteten umliegende Ge-
meinden Bildwerke, Kultgeräte und
Paramente. So stammt die gute Holzfigur des thronenden hl. Benedikt
(18. Jh.) aus der alten Gautinger
Pfarrkirche, die Kreuzigungsgruppe
mit den spätgotischen Assistenzfiguren Johannes und Maria aus Gautinger Privatbesitz, der nazarenische
Kreuzweg aus St. Josef in Starnberg
und die Büste des hl. Antonius aus
Buchendorf. Das bedeutende Tafelbild der Spätrenaissance, eine ursprünglich dem Münchener Anger-
kloster gemachte Stiftung des Kraillinger Bürgermeisters Joh. Bapt. Hu-
ber, wurde durch die beiderseitige
Anfügung zweier Gautinger Fahnen-
bilder (18. Jh.) zu einem Altartripty-
chon erweitert, dessen Szenen auf die
Hochfeste Weihnachten, Ostern und
Pfingsten hindeuten. Gleich beim
Eintritt in die Kirche überraschen die
Statuen einer Muttergottes (17. Jh.,
Tirol?) und des böhmischen Heiligen
Nepomuk (Mitte 18. Jh.), beide im
Münchener Kunsthandel erworben.

St. Vitus Stockdorf

Wie Buchendorf auf altem histori-
schem Boden (vgl. Hügelgräber der
Bronze- und Hallstattzeit in nächster
Umgebung) gelegen und vielleicht einer Rodung des 8./9. Jahrhunderts
entstammend, wird der Ort 1270 zum
ersten Mal namentlich („Stochdorf")
und 1315 als Filiale der Pfarrei Gauting genannt, wobei ausdrücklich bei
der Kirche ein Friedhof erwähnt ist.

Oben: Thronende Figur des hl. Benedikt
(18. Jh.) in Pentenried. – Unten: St. Veit
von E. Schickling an der Pfarrkirche von
Stockdorf

Die alte Vituskirche in Stockdorf. – S. 23: Rokokobüsten Christi und Mariens aus der Werkstatt Joh. Bapt. Straubs in St. Margaret/Krailling

Immer wieder beklagen Visitationsberichte den schlechten Zustand des Gotteshauses, so 1560 und 1740. Schließlich erfolgte 1857 nach dem Vorbild der Vorgängerkirche ein bescheidener Neubau der jetzigen *alten Vituskirche*. Von der archivalisch belegten Barockausstattung (neben dem Hochaltar z. B. noch ein Leonhards- und Marienaltar) hat sich nur die jetzt in der neuen Pfarrkirche aufbewahrte Holzstatue des hl. Einsiedlers Antonius, des Beschützers vor Feuersnot und ansteckenden Krankheiten, sowie der Haustiere (bes. der Schweine), erhalten. 1963/64 wurde die Kirche zu einer Kriegergedächtnisstätte umgestaltet, der seit 1968 ein monumentales Fresko des Pöckinger Malers und Restaurators Karl Manninger „Christus erscheint zum Weltgericht" einen Abschluß gibt.

Mit der Eröffnung der Bahnlinie München–Starnberg 1855 nahm Stockdorf einen unvorhergesehenen Aufschwung und weitete sich besonders jeweils nach den beiden Weltkriegen zu einer ansehnlichen Villenkolonie aus. Das alte Kirchlein wurde zu klein, und so ließ 1953 die am 1. Juni 1949 selbständig gewordene Pfarrkuratie (seit 1957 Pfarrei) durch Regierungsbaumeister Hans Heps, München, jenseits der Würm eine *neue Kirche* errichten, die sich in ihrer Außenerscheinung (die besonders das weit herabgezogene Satteldach, der zierliche Dachreiter und die angemessenen Proportionen bestimmen) vorzüglich der Situation zwischen Wald und Siedlung einpaßt. An der Ostfassade der aus städtebaulichen Gründen gewesteten Pfarrkirche wurde von Erich Schickling der Kirchenpatron St. Veit dargestellt. Die moderne Kultausstattung (Altartisch, Apostelleuchter, Kreuzweg) schufen die beiden Bildhauer Johannes Dumanski, Achmühle bei Wolfratshausen (vgl. auch St. Hildegard/Pasing), und Hans Kreuz, Söcking.

22

St. Margaret Krailling

Krailling – in einer Urkunde aus der 2. Hälfte des 11. Jahrhunderts erstmals als ,,Crouwilingen" erwähnt, 1586 als Hofmark dem Rat Erhard von Muggenthal verliehen, ab 1687 im Besitz der Berchem, ab 1724 der Ruffin, ab 1728 der Hörwarth, vier Jahre später wieder der Ruffin, ab 1817 der Thürheim und schließlich ab 1825 bis zur Aufhebung der Hofmark 1848 Eigentum der Hirsch – ist in der sog. Konradinischen Matrikel von 1315 als Filiale der Pfarrei Gräfelfing aufgeführt. Erst 1878 wurde es der Pfarrei Martinsried eingegliedert und gelangte nach deren Auflösung 1924 an St. Elisabeth/Planegg.

Das bestehende Kraillinger Kirchlein stößt mit seinem spätgotischen, erstmals 1587 renovierten Polygonalchor und dem im Süden über der Sakristei aufsteigenden Zwiebelturm aus der Mitte des 18. Jahrhunderts (mit einer Glocke von 1642) an die Würm. In Angleichung an das mit bemalten Schlußsteinen (hl. Margarethe, Muttergottes, Crucifixus) geschmückte Netzrippengewölbe des Altarraums ist das 1682 umgestaltete Langhaus (vgl. Jahreszahl am Chorbogen) von einer Stichkappentonne mit damals schon etwas veralteter, in sich symmetrischer Felderung überfangen. Unter dem Baldachin des prächtigen, stimmig einkomponierten Hochaltars des Rokoko (3. Viertel 18. Jh.) erscheint in einem spätgotischen Holzbildwerk die gekrönte Muttergottes mit himmlischem Hofstaat, verehrt von der Kirchenpatronin und dem hl. Leonhard, die auf tieferer Stufe seitlich zwischen den gedrehten Säulen angeordnet sind. Darüber waltet der Weltenschöpfer. Eine zweite, nur einige Jahrzehnte jüngere Madonna (vermutlich eine Werkstattarbeit vom Meister des Hochaltars in Rabenden) steht an der Südwand des Kirchenschiffs. Seit der grundlegenden Restaurierung von 1972/73 sind anstelle der Seitenaltäre von 1855 zwei beachtliche, in vornehmem Polierweiß gefaßte Rokokobüsten des Salvator Mundi und der Mater Salvatoris aus der Werkstatt Joh. Bapt. Straubs (60er Jahre 18. Jh.) auf schön geschnitzten Konsolen beiderseits des Chorbogens aufgestellt (vordem in St. Elisabeth/Planegg). Erwähnt seien noch die beiden zusammengehörigen Gemälde des 18. Jhs. im Chor: Hl. Familie und Tod der hl. Mutter Anna, und die von H. E. von Köth 1928 aus Stein gehauene Pietà im Vorraum.

Die Kirchen Planeggs

1409 erwarb Herzog Wilhelm III. den Besitz Jörg Tömlingers in Planegg, errichtete darauf eine „Vesst" und übergab sie – vielleicht schon samt einem Hofmarksprivileg – 1425 seinem illegitimen Sohn Konrad von Eggenhofen. 1474 ging die Hofmark an die Lung über, 1613 an die Villinger, 1616 an die Hörwarth, die sie 1728 mit den Hofmarken Krailling und Fronloh vereinigten, so daß darnach auch hier die Ruffin, Thürheim und Hirsch nacheinander als Hofmarksherren auftraten. Seelsorglich wurde Steinkirchen-Planegg von der Pfarrei Puchheim aus betreut, wie erstmals 1315 erwähnt. Nur die Schloßkapelle besaß seit der Meßstiftung Wilhelms III. (vor 1420) einen eigenen Benefiziaten, der im 16. und 17. Jahrhundert zeitweise, ab 1739 jedoch ununterbrochen auch als Vikar von Martinsried und seit der Erhebung dieses „Pfärrls" zur Pfarrei 1775 als Pfarrer fungierte. 1824 wurden dieser Pfarrei als Filialen Planegg, Steinkirchen und Maria Eich eingegliedert, wo sie bis zur Bildung der Planegger Pfarrei St. Elisabeth am 23. 4. 1924 verblieben.

Die gleichzeitig mit dem ersten *Schloß* errichtete *Kapelle,* für die von Wilhelm III. vielleicht wegen seines Fehltritts die büßende Sünderin Magdalena als Patronin gewählt wurde, ließ zwischen 1610 und 1613 Hans Gg. Lung an die heutige Stelle im Westtrakt verlegen. Dem seit 1613 neuen Schloßherrn zu klein und daher 1615 noch nicht benediziert, konnte ihr erst nach einer Vergrößerung 1617 die Weihegenehmigung erteilt werden. Unter Joh. Bapt. von Ruffin wurde zwischen 1732 und 1737 mit dem Schloß auch die Kapelle umgebaut. Es entstand der jetzige, durch drei Stockwerke reichende Raum, bei dem sich über einem niedrigen, den Untertanen zugeteilten Sockelgeschoß das gegliederte, lichtdurchflutete Piano nobile mit der Herrscherloge gegenüber dem Altarblatt erhebt. 1750 stiftete Franz Xaver Florian von Ruffin als Gegenstück zum Marienaltar der Hörwarths von 1712 einen zweiten Seitenaltar zu Ehren seiner Namenspatrone.

Beherrschender Blickfang in der ohne Fresken und ohne üppigen Stuckdekor ausgestatteten Magdalenenkapelle ist der (entsprechend der Exklusivität eines Privatraums) furnierte Hochaltar, der ein von dem in München tätigen Maler und Kupferstecher Joseph Weiß 1737 geschaffenes Bild der büßenden Kirchenpatronin und ihres Todes (darüber) umschließt. Höfischen Charakter erhält der Altar durch die vornehm-zurückhaltende Verwendung von Gold und durch die porzellanartig gefaßten Rokokofiguren von überdurchschnittlicher Qualität: Engel, sowie der große Büßer und Bußprediger Johannes der Täufer und der reuige Sünder Petrus, zugleich Namenspatron des Stifters bzw. dessen Münchener Heimatpfarrei. Dazu fügen sich die Büsten der beiden großen Franziskanerheiligen Franziskus und Antonius über den Zugängen zur hinter dem Altar gelegenen Sakristei. An der Westwand des Altarbezirks erinnert eine dem Weilheimer Bildhauer Philipp Dirr zugeschriebene Inschrifttafel an den Hofmarksherrn Kanzler Hans Gg. Hörwarth von Hohenburg († 1622), gegenüber eine andere Platte an die Bestätigung einer Meßstiftung der Familie Ruffin auf den hier bis zur Renovierung 1963–69 bestehenden Franz-Xaver-Altar durch Papst Benedikt XIV. 1753. Im Vorraum der Schloßkapelle sind ein wohl fragmentarisches Gemälde des Quattrocento (?) „Petrus, Johannes und die trauernden Frauen unter dem Kreuz", ein wuchtiges marmornes Taufbecken (mit Täufer-Statue und Personifikationen der 8 Seligpreisungen) von E. Stadelhofer/Freiburg 1921 und eine Kopie eines Beichtstuhls von Innichen zu bewundern.

Obwohl schon 1882 der Bau einer eigenen Kirche für Planegg angeregt worden war, konnte dieser erst nach dem Ersten Weltkrieg verwirklicht werden durch das Angebot einer hölzernen Reithalle in Eurasburg durch das Seraphische Liebeswerk. Nachdem dafür Hans Steiner Umbaupläne vorgelegt und Dr. Rudolf Frhr. von Hirsch ein Grundstück zur Verfügung gestellt hatte, konnte die *Notkirche* errichtet und am 25. 9. 1921 zum Andenken an die Stifter der *hl. Elisabeth* geweiht werden. Im Herbst 1933 erhielt sie den von Architekt Schwarzmeier entworfenen Kuppelturm mit fünf Glocken der Regensburger Gießerei Hamm. Seit 1957 projektierte man einen Neubau, bis schließlich ab Frühjahr 1971 das jetzige *Pfarrzentrum* unter Beibehal-

Rechts: Das Innere der Planegger Schloßkapelle

Links: Barockstatue des hl. Sebastian in der Planegger Pfarrkirche St. Elisabeth. – Unten: Die reich ausgestattete Werktagskapelle von St. Elisabeth/Planegg

tung des alten Glockenturms nach Plänen von Ordinariatsrat Carl Theodor Horn entstand. Am 3. Adventsonntag 1972 vollzog Julius Kardinal Döpfner die feierliche Konsekration der Kirche, eines einfachen quadratischen Versammlungsraumes mit umlaufendem Oberlichtband und vier Lichtkuppeln über der nach Norden gerückten Altarinsel.

Den Sichtbetonwänden entlang sind Kultwerke von teilweise hoher Qualität aufgereiht: so ein hervorragendes Gemälde der Patrona Bavariae des Münchner Malers Hans Rottenhammer, um 1610 für die Neue Antoniuskapelle der Franziskanerkirche in München geschaffen, eine etwas unterlebensgroße Barockstatue des hl. Sebastian (1. Hälfte 18. Jh., Jos. Prötzner?), ein auferstandener Heiland der Spätgotik (neben dem Taufstein) und die Kreuzweg-Stichfolge des Augsburger Verlegers und Kaiserlichen Hofkupferstechers Joh. Andr. Pfeffel d. J., gestochen von Gg. Gottfr. Winckler, Augsburg 1757. Besonders vielfältig ist die separate Werktags- und Sakramentskapelle, ein im Westen angefügter intimer Rechteckbau, ausgestattet: Eine Rokoko-Rosenkranzmadonna aus Steinkirchen (Mitte 18. Jh.) zeichnet die Altarwand aus, daneben ist der Tabernakel durch zwei Silberampeln (barock bzw. frühklassizistisch), zwei barocke aus Silberblech getriebene Leuchterengel (von Franz Keßler, München) und zwei Reliquientafeln des Rokoko (vermutlich nach Fr. Cuvilliés um 1740) hervorgehoben. Die Rückwand der Kapelle schmückt ein prächtiges Rokokoantependium, flankiert von den spätgotischen Holzbildwerken der Heiligen Barbara (früher Ursula) und Nikolaus.

Maria Eich

Die beliebte Wallfahrtsstätte, ein in den letzten drei Jahrhunderten gewachsenes Ensemble, liegt westlich von Planegg in einem alten bezaubernden Eichenhain, der ihr den Namen gab. 1710/12 brachte hier der Schmiedsohn Franz Thallmayr an einem Baum eine tönerne Muttergottesstatue an. Später erinnerte sich ihrer die kranke Magd des Hofbauern zu Planegg, Katharina Merger, gelobte eine Wallfahrt hierher und genas. 1732/34 errichtete der Planegger Schwaiger Gg. Wastian „dem Frauerl in der Aichen ein Häuserl" aus Holz, um die Erlösung seiner Tochter zu erwirken. Zehn Jahre später wurde die unverschlossene Kapelle ausgeraubt, für die Planegger Anlaß genug, endlich eine Steinkapelle 1744/45 durch Maurermeister Joh. Kempter, Planegg, und Zimmermeister Jos. Bach, Steinkirchen, erbauen zu lassen. Beide fügten 1746 noch eine Klause an für den von Joh. Bapt. von Ruffin aus Straubing herbeigeholten Bruder Onoffrius, der neben Mesnerdiensten die Kinder der Umgebung zu unterweisen hatte. Weil das Kirchlein jedoch ohne vorherige Genehmigung aufgeführt worden war, untersagte das Ordinariat dessen Einweihung, bevor nicht die Planegger ihre ruinöse Filialkirche in Steinkirchen saniert hätten. So kam es, daß die Konsekration der Wallfahrtskapelle erst am 18. Mai 1768, einen Tag nach der von St. Georg in Steinkirchen, erfolgte.

Wie auf einer Bildtafel festgehalten, flüchtete sich ein Hirsch am 12. Oktober 1775 während einer Jagd von Kurfürst Max III. Joseph an den Gnadenort und blieb daraufhin verschont. 1780 erweiterte man das Kirchlein durch zwei hufeisenförmige Seitenkapellen zu einer Kreuzanlage. 1804 wurde die Klause aufgehoben; der letzte Klausner durfte hier aber noch bis zur Fertigstellung der Planegger Schule 1819 seine Lehrtätigkeit ausüben. Im August 1805 schlug ein Blitz in die Eiche, die bis dahin durch eine Dachöffnung ins Freie geragt hatte. Daraufhin wurde der Baum auf den heute noch hinter dem Gnadenaltar erhaltenen Stamm gestutzt und darüber das Gewölbe geschlossen. Den Turm und den 1846 von der West- an die Ostflanke der Kapelle verlegten Freialtar gestaltete 1932 Michael Steinbrecher neu. Seit 1953 betreuen die Wallfahrtsstätte Augustiner-Eremiten, für die Gg. Berlinger behutsam ein kleines Kloster anbaute. Da die Gnadenkapelle nicht mehr ausreichte, andererseits die alte Substanz nicht angetastet werden sollte, entschloß man sich 1958 zur Errichtung einer Nebenkirche nach Plänen von Mich. Steinbrecher. 1966/67 mußte diese nach Süden verlängert werden.

Das tiaragekrönte Gnadenbild am Rokokoaltar von 1746 ist einer Marienkrönung einkomponiert, deren Dreifaltigkeitsgruppe von Joh. Bapt. Straub stammt, während die Engel, die

Votivbild der Jagd von Kurfürst Max III. Joseph am 12. X. 1775 in Maria Eich. – S. 28: Wallfahrtskirche Maria Eich

Wolken und das Eichenlaub Werke von Joh. Gg. Greiff sind. Die Gemälde der beiden 1781 von dem Kraillinger Kistler Mich. Steiner und dem Lochhamer Faßmaler Joh. Fink gefertigten Seitenaltäre (Predigt des sel. Winthir, links, und Arme Seelen im Fegfeuer, rechts) schuf Anton Zächenberger. Sehenswert ist in der linken Seitenkapelle auch eine Holzgruppe (18. Jh.) der hl. Kümmernis am Kreuz, die dem armen Geiger ihren Goldschuh schenkt. Daneben verweist eine gute Barockstatue des hl. Augustinus auf die jetzigen Wallfahrtsseelsorger. Die an den Wänden aufgereihten Votivbilder stammen erst aus dem 19. und 20. Jahrhundert. In der neuen Kirche befinden sich ansprechende Ausstattungsstücke der Moderne: so das Hängekreuz mit dem Lamm Gottes des Ebersberger Kunstschlossers Manfred Bergmeister, der (wie in St. Elisabeth/Planegg) auch den Tabernakel, die Leuchter und die Kommunionbank schmiedete; das wirkungsvolle Rundfenster mit dem Erlösungstod Christi von Jos. Dering; die passionsspielartigen Kreuzwegstationen des Oberammergauer Bildhauers Hans Heinzeller und das – in sinnvollem Bezug zu diesem Gnadenort – dem Baumstamm verhaftete Madonnenbildwerk von P. Ivo Schaible.

St. Georg Steinkirchen

Das romantisch und wohlumfriedet auf einer Würminsel nördlich von Planegg gelegene Gotteshaus wird erstmals 1315 als Filiale der Pfarrei Puchheim erwähnt; der Name des bereits um die Mitte des 10. Jahrhunderts genannten „Steininunchiricha" beweist jedoch die seltene Existenz einer steinernen Kirche schon in viel früherer Zeit. Im 16. Jahrhundert besaß St. Georg drei Altäre; an jedem dritten Sonntag im Monat feierte hier der Puchheimer Pfarrer die hl. Messe. Obwohl sich die Kirche zu Anfang des 18. Jahrhunderts in beklagenswertem Zustand befand und seit April 1745 sogar wegen Einsturzgefahr gesperrt war, so daß der Gottesdienst in der Planegger Schloßkapelle abgehalten werden mußte, konnte wegen des Österreichischen Erbfolgekrieges erst am 11. Juni 1748 der Grundstein zum Umbau gelegt werden. Wie schon wenige Jahre zuvor in der Kapelle von Maria Eich waren auch hier Maurermeister Joh. Kempter und Zimmermeister Jos. Bach mit ihren einheimischen Bautrupps tätig. Die finanzielle Hauptlast trug die Familie von Ruffin. Schon 1749 war der Bau unter Einbeziehung mittelalterlicher Mauersubstanz vollendet, doch zog sich die Ausgestaltung des Innern noch fast 20 Jahre hin. Am 17. Mai 1768 konnte St. Georg endlich geweiht werden. 1824 nach Martinsried eingepfarrt, gehört die Kirche seit 1924 zur Pfarrei Planegg.

Seit dem 18. Jahrhundert sind nach außen auf originelle Weise der alte massige Westturm (mit dem 1764 aufgesetzten barocken Glockengeschoß), der Altarraum und die Sakristei mit den Oratorien zu einem geschlossenen Rechteckbau verschmolzen. Auch das Innere ist heute ungewöhnlich: Die in der Mittelachse durch eine Tonne überhöhte Flachdecke erinnert an den bis 1891 durch Säulen hallenartig in drei Schiffe unterteilten Raum, an dessen geraden Ostabschlüssen jeweils ein Altar steht. Etwas altertümlich ist der spätbarocke Hochaltar geformt, in dessen Schrein die spätgotische Statue der Muttergottes (Anf. 16. Jh.) und in dessen Auszug das barocke Reiterstandbild des Kirchenpatrons St. Georg erscheint. Aus der Entstehungszeit des Altars (3. Viertel 18. Jh.) stammen auch die guten Rokokobildwerke des hl. Michael und des hl. Schutzengels über den seitlichen Durchgängen, nach Gerhard Woeckel Arbeiten Joh. Bapt. Straubs. Die Retabel der beiden Seitenaltäre standen bis 1971 in der alten Planegger Pfarrkirche und ersetzen die 1948 beseitigten des 18. Jahrhunderts. Der linke, 1700 von dem Regensburger Domdekan Wolfg. Christoph von Clam gestiftete und 1919 ruinös im Münchner Kunsthandel erworbene Altar wurde mit dem vorhandenen Steinkirchener Gemälde der beiden Viehpatrone St. Silvester und St. Leonhard (signiert und datiert „Joseph Schwaiger 1717 f[ecit]") versehen; den rechten neubarocken Seitenaltar von A. Selmannsperger und Gg. Gschwendtner, Bad Reichenhall (1948), zieren ein „FXG" (Franz Xaver Ant. Günther?) signiertes Altarblatt (18. Jh.) der Pestpatrone St. Sebastian und St. Rochus und Barockstatuen (17. Jh.) der hll. Michael und Nikolaus (?). Von spätgotischen Altären zeugen (neben Figuren in St. Elisabeth/Planegg) noch Bildwerke der hll. Katharina und Korbinian (früher Magnus). In den Nischen der Seitenwände des Langhauses lenken zwei große klassizistische Gemälde (Traum des hl. Josef, Noli me tangere) des Münchner Akademieprofessors Joseph Hauber (1766–1834) aus München/Hl. Geist die Aufmerksamkeit auf sich. Seit der Übertragung aus Planegg 1971 bildet an der Turmwand das moderne, in seiner Monumentalität und Ausdruckskraft Ehrfurcht gebietende Holzkruzifix des Planegger Bildhauers H. E. von Köth (vgl. auch Krailling) ein Pendant zum Hochaltar. Von guter Qualität ist in der Vorhalle das Rotmarmorepitaph von Hans Lung († 1604), auf dem der Truchseß Bayerns in voller Rüstung fast lebensgroß dargestellt ist. Ebenfalls in der Renaissance entstand die kleine Reliefgedenktafel aus Solnhofener Stein der 1585 verstorbenen Anna Maria Lung. Neben weiteren Epitaphien der Lung, Hörwarth und einiger Planegger Benefiziaten erinnert ein Grabstein an der südlichen Außenwand der Kirche an den letzten Eremiten von Maria Eich, Nikolaus Müller.

St. Martin Martinsried

Das alte Rodungsgebiet auf der Schotterterrasse zwischen Planegg und Großhadern war seit dem 12. Jahrhundert im Besitz des Augustinerchorherrenstifts Dietramszell und ging erst 1733 durch Tausch an die Ruffin in Planegg über, die als Patronatsherren 1775 die Erhebung Martinsrieds, das seit 1524 als eigener Seelsorgsbezirk bezeugt ist, zu einer von den Planegger Schloßbenefiziaten betreuten Pfarrei durchsetzten (vgl. Planegg). 1824 wurde die Pfarrei auf Planegg, Steinkirchen und Maria Eich, 1878 noch auf Krailling, Neuried und Forstenried ausgedehnt. 1924 verlegte man sie nach St. Elisabeth/Planegg.

Die indirekt bereits 1180 erwähnte Kirche erhielt ihr (auch für den Ort namengebendes) Patrozinium von dem ursprünglich allein dem hl. Martin geweihten Kloster Dietramszell (Martinszell), doch fristete sie weitab von diesem jahrhundertelang ein Schattendasein. Immer wieder wurde ihr schlechter Bauzustand beklagt, und zeitweise waren nicht einmal die notwendigsten Kultgeräte vorhanden. Dies änderte sich unter dem eifrigen Vikar Jakob Lenz, der fast ausschließlich auf eigene Kosten 1697–1700 über den Grundmauern der gotischen Kirche einen Neubau durch den Allacher Maurermeister Jakob Funkh und den Sollner Zimmermeister Jakob Knab errichten ließ. Der Stifter starb 1699 über den Arbeiten, doch wahrt der in die Vorhalle versetzte Grabstein sein Andenken. Wegen der Weigerung von Joh. Max Heinr. von Hörwarth, das Vermögen seines verstorbenen Benefiziaten auszuzahlen, und wegen Zehentstreitigkeiten verzögerte sich die Kirchenweihe bis 1708. Anläßlich der Erhebung zur Pfarrei wurden vermutlich auch kleinere Renovierungsarbeiten an den Altären durchgeführt; eine neue Glocke gab man bei Jos. Ign. Daller, München, in Auftrag, der 1847 eine zweite von Wolfg. Hubinger, ebenfalls München, folgte. Am 4. Mai 1782 verlieh Papst Pius VI. anläßlich seines Münchenaufenthalts allen Besuchern von St. Martin während des Patroziniumsfestes einen vollkommenen Ablaß zu den üblichen Bedingungen.

Oben: Das Innere von St. Martin in Martinsried. – S. 30 links: Hl. Schutzengel von Joh. Bapt. Straub; rechts: Rotmarmorepitaph von Hans Lung; beide in Steinkirchen

31

Erfreulicherweise hat sich das dörfliche Ambiente (einschließlich Maibaum und Kriegerge-dächtnisstätte) um das bescheidene Kirchlein mit seinem 1845/46 anstelle eines Dachreiters er-bauten Spitzturm weitgehendst erhalten. Der helle schlichte (im 19. Jahrhundert nach Westen verlängerte) Saalbau mit eingezogenem Polygonalchor entspricht trotz der barocken Entste-hungszeit dem überkommenen Dorfkirchenschema. In dem gegen 1700 aufgestellten Säulen-hochaltar (mit Rokokotabernakel) ist das fast monochrom wirkende Altarblatt von Lorenz Hu-ber 1699 eingeschlossen, das analog dem barocken Dietramszeller Doppelpatrozinium Maria und den hl. Martin als Fürbitter der Armen Seelen vor der Hlst. Dreifaltigkeit zeigt. Die be-scheideneren Seitenaltäre der gleichen Zeit wurden wohl um 1775 (wie der Hochaltar) an den Säulenschäften marmoriert und mit Rokokobildern in der Art. Joh. Baaders (?) versehen: links ein gutes Gemälde der Hl. Familie und der hl. Anna selbdritt darüber, rechts eines der Vision des hl. Antonius von Padua und des Münchner Stadtpatrons St. Benno im Auszug. Neben der Rokokoprozessionsstatue einer Immaculata seien noch der 1970 renovierte Zyklus (18. Jh.) von Brustbildern Christi und der 12 Apostel an der Brüstung der Westempore genannt. Die Glasfen-ster im Chor (Weihnachten und Ostern) entwarf 1949 W. Pütz, München.

St. Stephan Gräfelfing

Zur Gründung des Klosters Scharnitz stifteten am 29. Juni 763 Reginbert und andere Fami-lienangehörige aus der Hochadelssippe der Huosi u. a. auch Besitzungen in „Grefoluinga" und „Pasinga", die mit der Verlegung dieses Benediktinerklosters nach Schlehdorf 772 dorthin übergingen. Um 800 schenkte Ortuni dem Kloster Schlehdorf weitere Gräfelfinger Güter, mit Ausnahme von sechs Morgen Land, die er der schon bestehenden Kirche von Gräfelfing selbst übereignete. 1206 wurde die „ecclesia von Greffolfingen" dem Augustiner-Chorherrenstift Rottenbuch unterstellt, bei dem sie bis 1790 verblieb, um dann im Tausch gegen die Pfarrei Pei-ting bei Schongau an das Hochstift Freising zu fallen. Bereits nachweislich 1315 unterstanden Gräfelfing als Filialen Lochham, Hadern, Krailling, Neuried und Forstenried, was bis 1878 so bleiben sollte. Seit 1887 sind die im 20. Jahrhundert zu prominenten Villenvororten Münchens angewachsenen Nachbargemeinden Gräfelfing und Lochham politisch vereint.

Die Außenerscheinung der an der Würm gelegenen *alten Stephanuskirche* ist trotz der teil-weise noch romanischen Bausubstanz und der Barockisierung im 18. Jh. von der Spätgotik ge-prägt: Nach der durchgreifenden Restaurierung von 1976–78 ziehen besonders das polychrome Chorhaupt mit dem Vierpaßfries aus Formziegeln am Dachansatz (vgl. dagegen die gemalten Friese in Pipping und Blutenburg) und der daneben aufsteigende Sattelturm über die (bis um 40 cm abgetragene) Friedhofsmauer hinweg die Aufmerksamkeit der Passanten auf sich.

Im Innern des Altarraums künden die Schluß- und Kreuzungssteine am typischen spätgoti-schen Netzrippengewölbe von der historischen Situation zur Erbauungszeit (Ende 15. Jh.): Auf das Bild des Kirchenpatrons über dem Hochaltar führen neben anderen, inzwischen verbli-chenen Wappen diejenigen des Stifts Rottenbuch und des Herzogtums Bayern hin. Originell ist die bühnenhafte Komposition des barocken Hochaltars, eines im Nachlaß bezeugten Werks des Schongauer Bildhauers Johann Pöllandt (gest. 1721): Im Rechteckrahmen des fehlenden Altar-blatts sinkt, zwischen den Heiligen Magdalena und Katharina auf einem frühklassizistischen Tabernakel erhöht, der hl. Diakon Stephanus von Steinen getroffen in die Knie; hinter ihm öff-net sich die Herrlichkeit des Himmels mit dem Menschensohn zur Rechten Gottes (Apg 7,55 ff.) in einer berninisch-asamschen Fenstergloriole (Mitte 18. Jh.). Das volkstümliche Ba-rockantependium zeigt vorne die Erlösung der Armen Seelen durch das Blut des Gotteslammes, rückwärts den hl. Michael als Seelenwäger; an der Altarrückseite ist der gotische Stipes mit dem-selben Vierpaßornament wie im Außenfries sichtbar. An den Wänden des Chorpolygons reihen sich heute Rotmarmorepitaphien des 15. und 16. Jahrhunderts, darunter das des 1515 verstor-benen Wolfgang Risheimer (Rishammer), der zuletzt auf Schloß Seeholzen wohnte, das einst zwischen Gräfelfing und Lochham am rechten Würmufer lag. Aus gleichem Material besteht

Rechts: Ausschnitt aus dem Hochaltar der alten Stephanuskirche in Gräfelfing

der spätgotische Taufstein in Kelchform mit dem kupfergetriebenen Deckel von 1656. In die Chorfenster stifteten 1902 Gräfelfinger Bürger zwei neugotische Gemälde (Taufe Christi und Hl. Familie).

Etwa gleichzeitig mit Hochaltar und Kanzel entstanden die beiden Seitenaltarretabel (Weihe zweier Altäre 1708). Ihre Bilder (St. Sebastian und St. Silvester, links, bzw. Tempelgang Mariens am Annenaltar) sind „LM" signiert und stammen wohl noch von der Renovierung um die Mitte des 19. Jahrhunderts. Am linken Seitenaltar erinnert eine Inschrift an die Altarweihe von 1473 durch den Freisinger Weihbischof Johannes Frey, Titularbischof von Salona (Dalmatien). Die Themen der drei Tondi von Oswald Völkel (1922) an dem sehr flachen, mit spärlichem Modelstuck besetzten Barockgewölbe beziehen sich auf das Heilsmysterium Christi: Opferung Isaaks, Wiederkunft Christi in Herrlichkeit, Mannalese. Bei der Verlängerung der Kirche um ein Joch nach Westen durch Maurermeister Joh. Kempter, Planegg, und Zimmermeister Ign. Lechel, Lochham, 1740 setzte man die spätgotische Emporenbrüstung aus Holz mit ihrer kunstvollen vegetabilen Flachornamentik (vgl. auch Pipping) ebenfalls zurück, wobei wohl die Tafeln unten beschnitten wurden. Die vier einfacheren Mittelfelder wurden später, vermutlich nach Beseitigung eines (barocken?) Orgelrückpositivs, nachgeschnitten. Ebenfalls noch aus der Spätgotik stammt der Corpus des Chorbogenkreuzes. Gegenüber der Kanzel thront als Prozessionsfigur mit echten Haaren und Gewändern die Muttergottes unter einem Rokokobaldachin. An der südlichen Außenwand des Chors setzten Kameraden des Ostasiatischen Expeditions-Corps München dem 1901 beim Boxeraufstand in China gefallenen Musketier Peter Fendt aus Gräfelfing eine Gedenktafel.

1970/71 wurde an der Bahnhofstraße auf dem Areal der unvollendeten Herz-Jesu-Kirche von 1933/34 (Entwurf Georg W. Buchner) die *neue Stephanuskirche* nach Plänen von Carl Theodor Horn (vgl. auch St. Elisabeth/Planegg) erbaut. Den leicht querrechteckigen Raum überhöht zeltartig ein riesiges, weit herabgezogenes Satteldach und verleiht ihm zusammen mit den beiden großen Fenstergiebeln eine befreiende Leichtigkeit, wenn auch die gemäß dem Charakter der heutigen Gartenstadt geschaffene Transparenz vom liturgischen Geschehen ablenken kann. Durch Vorziehen der Seitenmauern entstand im Westen der Kirche ein abgeschirmter Vorplatz, der im Südwesten an städtebaulich markanter Stelle vom Campanile begrenzt wird. Zwei gute spätgotische Bildwerke (hl. Stephan und Muttergottes) bereichern die sonst moderne Ausstattung.

Romantisch im Schatten der Bäume liegt die heute hauptsächlich dem Andenken an die Gefallenen beider Weltkriege dienende *Kapelle des Bäcker-Waldheims*, 1914 von Gg. Berlinger nach Entwurf Fr. X. Knöpfles erstellt (Glockenweihe 1947, Deckenmalerei von Jos. Bartl 1954).

Achtung Badende!
Gefahrenstelle
niedriger Steg

St. Johannes Baptist in Lochham. – S. 34: Die Emporenbrüstung mit gotischer
und späterer Flachornamentik in der alten Gräfelfinger Stephanuskirche

Die Johannes-Kirchen Lochhams

Trotz älterer Besiedlungsspuren wird „Lohen" (= Weiler in lichtem Laubwald) erst 1256 urkundlich erwähnt, als der Dompropst von Freising die Untertanen des Klosters Benediktbeuern in Hadern zum Empfang der Taufe, Ölung usw. an Lochham verweist. Daraus darf man schließen, daß St. *Johannes Baptist* entsprechend seinem Patrozinium und seiner Lage am Wasser der Umgebung ursprünglich als Taufkirche diente, während St. Stephan in Gräfelfing, wie schon 1315 verzeichnet, die zuständige Pfarrkirche war, was sie auch heute noch ist. Die frühesten Teile des bestehenden Gotteshauses (der ehem. Chor und der Sattelturm) entstanden wohl kurz nach dem Umbau der alten Gräfelfinger Kirche gegen Ende des 15. Jh. Eine einschneidende Veränderung erfuhr der Bau bei der Erweiterung und Umorientierung durch Prof. Georg W. Buchner 1955: Das alte, wegen Hochwassergefahr erhöht stehende Kirchlein wurde zum querschiffartig ausladenden Altarraum umgestaltet, an den im Süden eine von sieben symbolträchtigen Farbfenstern erhellte Rundapsis und im Norden das tiefer gelegene, von einer warmen Holzbalkentonne überspannte Langhaus (mit Dachreiter, ähnlich dem des Pasinger Rathauses) angebaut wurden – eine Lösung, die im Innern mehr überzeugt als im Äußern. Da schon bei der Renovierung um die Mitte des vorigen Jahrhunderts die Barockaltäre von 1728 beseitigt wurden, kündet heute in der Kirche nur noch eine reliefartige thronende Muttergottes der Spätgotik unter der sonst modernen Ausstattung (z. B. expressiver Kreuzweg in Betonguß von der Gräfelfinger Künstlerin Irmgard Diepolder) von der großen Tradition.

Wegen der starken Expansion Lochhams in den 20er und 30er Jahren dieses Jahrhunderts wurde es unumgänglich, im Nordwesten, an der Leiblstraße, eine *zweite Kirche* zu errichten. Der schlichte Saalbau entstand 1946/47 als erstes neues Gotteshaus nach dem Zweiten Weltkrieg im Münchner Raum nach Plänen von Anton Weber, Gräfelfing. Aus Marmorplatten von ehem.

„Führer-Bauten" wurde der Altartisch gestaltet, das Holz der Bänke stammte von den Lärchen des Pfarrgartens. Zum Schutzheiligen von Kirche und Kuratie (seit 1947) bzw. Pfarrei (seit 1955) wählte man den (nicht ursprünglichen) Nebenpatron der Altlochhamer Kirche, den hl. Johannes Evangelist. Die sog. „Lochhamer Madonna" am Marienaltar ist die Kopie eines spätgotischen Bildwerks von Prof. Thomas Buscher, die Statue des hl. Johannes von Theo Hein, Mühldorf, gegenüber, eine durch die starke Vergrößerung etwas vergröbernde Wiedergabe einer barocken Kanzelfigur in Neukirchen/Schwaben; die beachtlichen Hinterglasbilder des Kreuzwegs schuf Markus Hörmann, München.

Die sog. Lochhamer Madonna in St. Johannes Evangelist

Die Kirchen Pasings

Der nach der Sippe des Paoso benannte Ort, der wie fast alle Würmtalorte auf prähistorischem Siedlungsboden liegt, wird erstmals 763 zusammen mit Gräfelfing, Giesing u. a. im Dotationsgut des neugegründeten Benediktinerklosters Scharnitz aufgeführt. Er war mehrfach Schauplatz bedeutenderer historischer Begebenheiten: So trafen sich hier 1298 Rudolf von Bayern und Albrecht I. von Österreich vor der Entscheidungsschlacht mit Gegenkönig Adolf von Nassau bei Göllheim und genau hundert Jahre später die Herzöge von Bayern-München, Ernst und Wilhelm III., mit den Räten der Herzöge von Bayern-Ingolstadt, ohne jedoch den Ausbruch des bayerischen Bruderkrieges verhindern zu können, in dessen Verlauf Pasing zweimal (1403 und 1422) in Flammen aufging. Während die Burg, von der noch Reste im Institutsgarten der Englischen Fräulein zu sehen sind, Lehen des Freisinger Bischofs war, verlieh „Tafern" und Mühle der bayerische Landesherr. 1346 wird Pasing erstmals als Hofmark erwähnt. In deren Besitz teilten sich ab 1381 die Pütrich (vgl. Gauting), ab 1527/28 die von Schwarzenberg und ab 1531 die Reitmor. Nach dem Übertritt Hans Reitmors zum Protestantismus erhielten Schloß und Hofmark 1588 die Neuburger und 1686 die Berchem, die beides mit einer kurzen Unterbrechung (1792) bis 1815 innehatten. Unter Prinz Karl Theodor, der den Besitz 1817 von König Max I. geschenkt bekam, wurde das alte Wasserschloß abgerissen und dafür an der Planegger Straße ein Neubau errichtet, der seit 1923 den Passionisten gehört. Durch die Eröffnung des 1. Abschnittes der Bahnlinie München–Augsburg 1839 war die Entwicklung Pasings zum Eisenbahnknotenpunkt eingeleitet, die schließlich auch dessen Erhebung zur Stadt 1905 ermöglichte. Fünf Jahre später gründete man das Lehrerseminar, Vorläufer der Pädagogischen Hochschule. Mit der Eingemeindung nach München endete die eigenständige Geschichte Pasings.

1315 wird Pasing als Filiale der Pfarrei Aubing genannt. Nachdem das Gotteshaus 1422 (wie in Gauting) mit dem Ort eingeäschert worden war, stiftete 1438 der Aubinger Pfarrer Heinrich Haidel in die wiedererrichtete, an der Würm gelegene *Kirche Mariä Geburt* ein Benefizium. An diesem Bau wurde 1495 der heutige Polygonalchor mit dem Vierpaßfries aus Formziegeln (vgl. Gräfelfing) angefügt. 1588 stürzte der Turm ein, dessen Wiederaufbau sich bis 1608 hinzog. Gleichzeitig wurden Steinmetzarbeiten an Altären und Sakramentshaus (von dem man 1962 Teile unter dem Fußboden fand) durchgeführt. 1680 barokisierte man die Kirche. Später legten auch hier, wie in der Schloßkapelle Blutenburg, die Berchem eine Familiengruft an. Nachdem Pasing am 28. 1. 1881 zur selbständigen Pfarrei mit den Filialen Laim, Pipping, Blutenburg und Obermenzing erhoben worden war, modernisierte man ein Jahr darauf das Gotteshaus: Zunächst verlängerte man den Gemeinderaum um 7 m nach Westen, brachte im Süden den Querbau der Sakristei an und bekrönte den Turm anstelle der bisherigen Haube mit einem Spitzhelm. Dann ersetzte man die barocke Ausstattung durch eine neugotische und bemalte das regotisierte Chorgewölbe mit einem Sternenhimmel. 1975/76 wurde die seit 1924 von den benachbarten Passionisten betreute Kirche zuletzt einer gründlichen Restaurierung unterzogen.

In dem zartfarbenen spätgotischen Chor mit Netzrippengewölbe auf schlanken Runddiensten strahlt golden der neugotische Schreinaltar mit der thronenden Muttergottes im Zentrum, flankiert von den hll. Bischöfen Korbinian (Bistumspatron) und Engelbert (Namenspatron des 1. Pfarrers). An den Wänden des Chorpolygons reihen sich u. a. die frühbarocken Marmorepitaphien für Geheimen Rat und Hofmarksherrn Christoph Neuburger († 1601) und seine Gemahlin Ursula, geb. Fröschl († 1631), sowie für Hans Neuburger († 1607), und ein klassizistischer Gedenkstein für Theodora von Petin, geb. Freiin von Branca († 1825). Die beiden neuzeitlichen Glasgemälde (Verkündigung an Maria, Christus am Ölberg) sind Werke der Franz Mayer'schen Hofkunstanstalt, München. An der Chornordwand hängt eine gute Verklärung Christi (1963) von der Hodler-Schülerin Armgard von Faber du Faur, Gräfelfing. Den flachgedeckten Langhaussaal zieren Statuen der 12 Apostel und nazarenische Kreuzwegbilder vom Ende des 19. Jahrhunderts. Von den hier angebrachten Priestergrabmälern sei nur das älteste von Peter Prentl

38   Das Innere der alten Pfarrkirche Mariä Geburt in Pasing

(† 1550) erwähnt. Die früheste, noch erhaltene Glocke der Kirche goß 1492 der auch für Pipping tätige Ulrich von der Rosen aus München.

Mit der Stadterhebung bekam Pasing auch eine *neue Pfarrkirche* an der Bäckerstraße: Am 16. 7. 1905 wurde der Grundstein gelegt zu der von dem Münchner Architekten Hans Schurr (1864–1934; u. a. der Erbauer der Münchner Kirchen St. Anton, St. Joseph, St. Wolfgang und Bauführer von St. Maximilian) im sog. gebundenen System projektierten dreischiffigen Basilika, die durch Querhausarme und gleichartige Fensterrosetten an den Schiffabschlüssen in der Vierung zentriert wird und deren weithin sichtbarer Turm mit seinen 56 Metern fast so hoch ist, wie der Gesamtbau lang. Schon 1909 benediziert, konnte das neuromanische Gotteshaus wegen der Kriegswirren erst am 28. 7. 1918 in Gegenwart seines Protektors König Ludwig III. durch Erzbischof Michael von Faulhaber zu Ehren Mariens, der Schutzfrau Bayerns, konsekriert werden. Das Kircheninnere war ursprünglich von Hans Kögl und Josef Hengge mit einem marianischen Bilderzyklus ausgeschmückt worden, der aber im Zweiten Weltkrieg durch Bombeneinwirkung zugrunde ging. Nach der Wiederherstellung des Bauwerks unmittelbar nach Kriegsende erfolgte 1955 eine bemerkenswerte Neuausmalung durch Michael Weingartner, Pfaffenhofen/Ilm, wodurch die einzelnen Ausstattungsstücke wieder zu einem Gesamtkunstwerk mit einheitlichem Programm verbunden wurden.

Blickfang der Kirche ist die monumentale, in der Chorapsis schwebende Schutzmantelmadonna, die – durch die bayerische Königskrone als Patrona Bavariae ausgewiesen – ihre Arme über das Erzbistum München-Freising und die angrenzenden bayerischen Diözesen, repräsentiert durch die Bistumspatrone, hält. Das Tondo im Chorgewölbe knüpft daran in Wort und Bild an: Im Kreis von vier bedeutenden Marienwallfahrtsorten Altbayerns (Maria Eich, Andechs, Birkenstein und Altötting) weiht Erzbischof Michael von Faulhaber die Pasinger Pfarr-

Chorgewölbebild von Mich. Weingartner in der Pasinger Pfarrkirche Maria Schutz: Papst Benedikt XV. erklärt auf Wunsch König Ludwigs III. Maria zur Patronin Bayerns. – S. 41: Das Innere der Institutskapelle in Pasing

kirche der Schutzherrin Bayerns, deren Fest (links) 1916 durch Papst Benedikt XV. auf Bitten König Ludwigs III. eingeführt wird. In den übrigen sehr graphischen Fresken Weingartners ist das durch den Sündenfall der Stammeltern notwendig gewordene Erlösungswerk Christi dargestellt von der Verkündigung seiner Menschwerdung (Langhausgewölbe) über Geburt, öffentliches Wirken (Hochschiffwände), Passion und Auferstehung (Querschiff) bis zur Sendung des Hl. Geistes (Vierungskuppel), ergänzt durch die Bilder der Taufe Jesu in der Taufkapelle und seiner Wiederkunft in Herrlichkeit in der Nische des Christkönigsaltars. Ein Zeugnis vom Wissen, das hinter dieser Malerei steckt, legt auch das Fresko der Antoniuskapelle ab, wo in symbolhaften Kürzeln die Wundertaten und die Verehrung dieses Heiligen skizziert sind.

Im Gegensatz zu den Gemälden blieb aus der Erbauungszeit der reiche Skulpturenschatz erhalten: Das triumphbogenartige Westportal mit der Majestas Domini zwischen Maria und Josef im Tympanon und mit den beiden Apostelfürsten als Wächtern ist ein Werk von Prof. Max Heilmaier (1869–1923). Die figuralen und ornamentalen Granitkapitelle des Langhauses, die lebensgroßen ungefaßten Holzstatuen der Heiligen Rasso und Elisabeth an der Orgelempore, die Büsten der Heiligen Heinrich und Gisela über den Seitenportalen, sowie die Figur des hl. Antonius von Padua schuf der junge Hans Miller aus München. Vom gleichen Bildhauer stammen die Sandsteinnachbildung des hl. Georg Donatellos (für Or San Michele in Florenz, um 1417) und am Hochaltar die seit der Zerstörung des ursprünglichen Retabels im letzten Krieg flügelartig angeordneten Messingreliefs in Treibarbeit (Mannaregen, wunderbare Brotvermehrung, Verehrung des Altarsakraments, Weinwunder zu Kana und Wasserwunder des Mose). Die michelangeleske Pietà aus Carrara-Marmor im linken Querschiffarm fertigte der gebürtige Allgäuer Eduard Fischer. Den silberglänzenden Josefsaltar führte die Mayer'sche Hofkunstanstalt (die 1946 auch die Fensterrosetten farbig verglaste) nach einem Entwurf von Prof. Josef Floßmann (1862–1914) aus, wobei die Heiligen der Seitenreliefs (Josef führt die Hl. Familie nach Ägypten, Rast der hl. Genoveva) an die Stifter Jos. und Gen. Retzer erinnern. Ein stark vom 19. Jahrhundert geprägtes (spätgotisches?) Kruzifix ziert die ebenfalls von Weingartner neugestaltete Kriegergedächtniskapelle, ursprünglich eine Nachbildung der Notkirche, die bayerische Soldaten im Ersten Weltkrieg im Schulhaus von Bailleul vor Arras eingerichtet hatten.

Noch eine dritte Kirche Pasings ist Maria geweiht: die *Hauskapelle Maria Rosenkranzkönigin* der Englischen Fräulein an der Institutsstraße. 1862 mußte dieser Orden Kloster Schäftlarn den Benediktinern überlassen und zog nach Pasing, wo er bis 1866 einen Institutsneubau aufführen ließ, der 1910 sein heutiges Aussehen erhielt. 1890/91 wurde eine Kirche angefügt, die laut aushängender Urkunde Erzbischof Anton von Thoma am 11. 10. 1891 konsekrierte. Nach außen durch ein zierliches Zwiebeltürmchen hervorgehoben, entspricht der einschiffige (1978 zuletzt restaurierte) Innenraum mit auf drei Seiten umlaufender Empore dem Schema von Bet- und Kongregationssälen. Wie die Pfarrkirche blieb auch die Institutskapelle vom Zweiten Weltkrieg nicht verschont und konnte gleich 1945 wiederhergestellt werden. Im rein ornamental gestalteten Hochaltar – einer beachtlichen Neurokokoschöpfung der Kunstwerkstätten Sebastian Steiner, Fürstenfeldbruck, wohl in Anlehnung an Ottobeurer Seitenaltäre – ist heute ein Gemälde Richard Holzners, München, eingeschlossen: Verleihung des Rosenkranzes durch die Himmelskönigin an die Heiligen Dominikus und Katharina von Siena. Derselbe Künstler, der u. a. auch das großflächige Deckenbild in München/St. Korbinian schuf, bemalte nach dem Krieg auch die Flachdecke mit duftig-leichten Fresken, die vorzüglich die Neurokokoausstattung abrunden: Um das Hauptbild der Himmelfahrt Mariens gruppieren sich die Darstellungen der Verkündigung an Maria (über dem Altar) und des Tempelgangs Mariens (monochrom unter der Orgelempore) bzw. der musizierenden St. Cäcilia (über der Orgel). Beiderseits des Hochaltars stehen die porzellanartig gefaßten Statuen der Eltern Mariens, Joachim und Anna, von Anton Nowak 1949/50.

Außerdem seien noch zwei andere Pasinger Kapellen erwähnt. Die unscheinbare, zu Anfang des 18. Jahrhunderts errichtete *Johann-Nepomuk-Kapelle* am linken Würmufer nördlich der Bodenseestraße wurde im letzten Krieg samt ihrer Ausstattung zerstört, jedoch zur 1200-Jahr-Feier Pasings 1963 rekonstruiert. Heute zieren sie eine abgelaugte, ursprünglich im Freien aufgestellte Holzfigur des vielverehrten Brückenheiligen (von 1734), ein kleiner, aus der Münchner Lachner-Klinik stammender Herz-Jesu-Altar und die Statuette einer Muttergottes von Michael Doll, Oberammergau. Zusammen mit dem neuen Kreiskrankenhaus, das auf eine Stiftung des ersten Pasinger Pfarrers Engelbert Wörnzhofer von 1884 zurückgeht, wurde am 26. 10. 1967 die *Haus- und Taufkapelle St. Josef* eingeweiht. Der zwischen Personal- und Haupttrakt baptisterienartig gegen Osten vorgelagerte Sechseckbau von Kurt Bojanovsky steht gegenüber der alten Pfarrkirche Mariä Geburt am anderen Würmufer. Die lebensgroße Verkündigungsgruppe

an der Ziegelwand hinter dem Altar, eine hervorragende Schmiedearbeit aus Bronze, und das Bronzebildwerk des hl. Josef schuf Bildhauer Herbert Altmann, München.

Zur Entlastung der Pfarreien Pasing und Obermenzing wurde am 23. 3. 1959 an der Goßwinstraße mit der Errichtung der *Kirche St. Leonhard* begonnen, eines schlichten Längsrechtecksaals mit pyramidenbekröntem Campanile von Franz und Rudolf Roth, München. Sieben Tage nach der Weihe am 22. 11. 1959 bildete man die Pfarrkuratie St. Leonhard, die am 1. 1. 1963 zur Pfarrei erhoben wurde. 1961 erhielt die Kirche fünf Glocken von der Fa. Rudolf Perner, Passau, 1963 eine Orgel von Carl Schuster & Sohn, München. Leuchter, Tabernakel und Altarkreuz von 1968 schmiedete Manfred Bergmeister, Ebersberg (vgl. auch Maria Eich und St. Elisabeth/Planegg). Sehr beachtenswert ist die edle Holzstatue der Muttergottes des Münchner Bildhauers Fritz Zipf 1960.

Von höherer architektonischer Qualität ist die *Pfarr- und Hochschulkirche St. Hildegard,* die 1961/62 nach Plänen des Münchner Architekten Siegfried Östreicher (andere Münchner Kirchen: Venio-Kapelle in Nymphenburg, Mitarbeit an St. Laurentius, Neugestaltung von Leiden Christi/Obermenzing) neben dem Albertus-Magnus-Studentenwohnheim an der Paosostraße, nahe der Pädagogischen Hochschule, erbaut wurde. Über einem Quadrat aus unverputztem, lebendigem Bruchsteinmauerwerk mit römisch anmutenden Lünettenfenstern erhebt sich schwebend-leicht ein sternförmiges Zeltdach, in dessen ausgesparten Dreiecksgiebeln farbenprächtige Glasgemälde des bekannten Karlsruher Malers Georg Meistermann eingesetzt sind. Über der Altarrückwand im Süden ist das Lamm Gottes dargestellt, von dem aus Gnadenströme lebenspendenden Wassers den heimeligen Raum umziehen bis zu den sieben Feuerzungen des hl. Geistes über dem wuchtigen Taufstein aus Travertin von Johannes Dumanski (Achmühle bei Wolfratshausen), der auch das Kreuz der seitlichen Sakramentskapelle gestaltete. Die außereuropäischer Kunst nachempfundene Holzfigur der Muttergottes von 1965 stammt von Blasius Gerg, Glonn-Haslach. Am 1. 1. 1966 wurde die Pfarrkuratie in eine Pfarrei umgewandelt.

Innenraum der Pfarr- und Hochschulkirche St. Hildegard in Pasing

St. Wolfgang Pipping

Im Verhältnis zu den anderen Würmtalorten wird Pipping relativ spät – nämlich erstmals 1352 – in den bisher erschlossenen Urkunden erwähnt. Bei den archäologischen Untersuchungen anläßlich der Rekonstruktion des ursprünglichen Ziegelfußbodens im August 1977 fand man die Vorgängerin der jetzigen Kirche, einen 11,75 m langen Saalbau mit eingezogenem Rechteckchor, dessen Altarbasis genau unter dem gotischen Sakramentshäuschen liegt. Da St. Wolfgang in der Konradinischen Matrikel von 1315 noch nicht unter den Filialkirchen Aubings aufgeführt ist, obwohl schon bei der ersten Kirche ein von einer Mauer eingefaßter Friedhof festgestellt wurde, könnte eventuell angenommen werden, daß die ergrabene Anlage damals noch nicht bestand, wenn sie dann auch aufgrund ihrer romanischen Struktur nur wenig später errichtet sein dürfte. Zum zweiten (jetzigen) Gotteshaus legte laut offizieller, in der Fassung von 1848 überlieferter Inschrifttafel am Dienstag vor Pfingsten (5. 5.) 1478 Herzog Sigismund, u. a. Bauherr der Schloßkapelle in Blutenburg und von St. Martin in Untermenzing, den Grundstein. Durch einen Ablaß finanziell gefördert, konnte der Neubau am Sonntag vor Mariä Himmelfahrt (13. 8.) 1480 eingeweiht werden. Ob sich daraus eine zuverlässige Datierung der St. Wolfgangskirche ableiten läßt, bedarf noch der Klärung. 1485 folgten zwei Glocken von Ulrich von der Rosen (vgl. Pasing). Im Jahre 1794 schlug in den Turm ein Blitz, der auch das Pflaster des Altarraums und die Holzdecke des Langhauses beschädigte. Bei den Renovierungsarbeiten im 19. Jahrhundert (Turmspitze anstelle des ursprünglichen Satteldachs, Regotisierung der Altäre, neue Kirchenbänke) und 1909–11 (Trockenlegung der Mauern) wurden jeweils die im Barock wohl übertünchten Wandgemälde der Spätgotik „ergänzt" und „aufgefrischt", was man 1953 mit wenig Erfolg rückgängig zu machen versuchte. Mit dem Jahr 1976 begann eine neue Restaurierungsphase, die noch viele Jahre beanspruchen wird. Seit 1922 untersteht St. Wolfgang der Pfarrei Obermenzing, nachdem es nach jahrhundertelanger Zugehörigkeit zu St. Quirin/Aubing 1881 der neu gebildeten Pfarrei Pasing eingegliedert worden war. Derzeit wird die Kirche von einem selbständigen Kirchenrektor betreut.

1701 wurde die Pippinger Kirche als „Point de vue" der Gartenhauptachse in die Gesamtanlage von Schloß Nymphenburg miteinbezogen. Bis dahin direkt an der Würm gelegen, die hier an die 80 m breit gewesen sein soll, fällt das Gotteshaus durch seine reiche Außenbemalung auf, wobei die Wappenschilde der Wittelsbacher und der mit ihnen verschwägerten Herrscherhäuser im Maßwerkfries (wie in Blutenburg oder Grünwald) an den herzoglichen Förderer erinnern sollen. Durch das fürstlich anmutende Portal betritt man einen breiten behäbigen Kastenraum mit flacher Holzdecke, die mit Schablonenmalerei verziert ist. Das Langhaus ist dem üblichen Schema entsprechend auf eine lichte zierliche Chor-Kapelle mit Tonrippengewölbe hinorientiert, die in ihrem Freskenschmuck bühnenhaft erscheint. Man ist auf den ersten Blick überrascht von dem anscheinend unversehrten Interieur der Erbauungszeit.

Dominant ist die Malerei, welche die Wände überzieht, die Gewölbestruktur akzentuiert und an Sockel, Kanzel und Seitenaltären sogar die Architektur ersetzt. Der Freskenzyklus an den Chorwänden stellt das Erlösungswerk Christi vom Ölberg bis zur Auferstehung dar,

Spätgotische Figur des hl. Wolfgang im Hochaltarschrein zu Pipping

wobei oft mehrere Szenen in einem Bild vereint sind. Über der Ostseite des Triumphbogens ist der Tod Mariens zu sehen; in den Zwickeln darunter zwei Porträtbüsten mit der Jahreszahl 1479, die zu den Propheten mit den verblichenen Schriftbändern über den Fenstern des Chorpolygons korrespondieren. Hans Buchheit und Ernst Buchner schrieben diese Gemälde aufgrund stilistischer Merkmale Jan Polack zu, was jedoch heute nicht mehr haltbar ist. Feine Arbeiten sind die Klugen und Törichten Jungfrauen in der Laibung des Chorbogens, eine Erkenntnis der jüngsten Freilegung, die Ähnliches auch für die noch übermalten abendländischen Kirchenväter am gemauerten Kanzelkorb vermuten läßt.

Bedeutendstes Ausstattungsstück ist der spätgotische Hochaltar von 1480/85: Im Schrein thront unter einem mit Vögeln besetzten Lauben-Baldachin der (ursprünglich ungefaßte?) Kirchenpatron St. Wolfgang, assistiert von zwei Leviten mit den bischöflichen Insignien – wirkungsvolle Schnitzereien einer Münchner Werkstatt. Die viel beachteten Bilder der Altarflügel zeigen Begebenheiten aus dem Leben und Kult des hl. Wolfgang (der Heilige stützt die vom Einsturz bedrohte Felswand des Falkensteins; seine Fußstapfen drücken sich in einer Steinplatte ab; ein Jäger entdeckt den Heiligen in der Einöde; Wundertaten an seinem Grab), wobei die topographisch getreue Wiedergabe der Gnadenkapelle am Abersee in der spätgotischen Tafelmalerei einzigartig ist. Dazu gehören zwei Gemälde an der Langhaussüdwand (Bürgerschaft und Klerus Regensburgs bewegen ihren Bischof zur Rückkehr, Wallfahrt nach St. Wolfgang), die beweisen, daß der (auch seines Gesprenges beraubte?) Hochaltar nicht mehr im Originalzustand erhalten ist. Auf der Predella sind heute wieder Christus und Maria in Begleitung der Apostel Matthias, Petrus, Johannes und Matthäus abgebildet; 1979 wurden an den rückwärtigen Seitenteilen des Schreins zwei Engel von hoher Qualität freigelegt, die vermutlich zum verschollenen Andachtsbild eines Schmerzensmannes zwischen Maria und Johannes gehören (vgl. Beschreibung J. Sigharts 1855). Wie vor allem aus der gestörten Thematik ersichtlich, blieben auch die Seitenaltäre nicht unberührt: Im Schrein des linken Altars steht die Muttergottes zwischen den Heiligen Wolfgang und Leonhard, während auf den Flügeln die Enthauptung des hl. Sigismund und die Befreiung Gefangener durch den hl. Leonhard dargestellt sind; desgleichen am rechten Altar, wo der Auferstandene von dem hl. Einsiedler Antonius und von St. Laurentius flankiert wird, die Bilder jedoch das Martyrium der Heiligen Sebastian und Laurentius veranschaulichen. Die schmalen Tafeln an der Nordwand (Hl. Sigismund und Wolfgang) sind ebenfalls Altarteile.

Sogar einige spätgotische Glasgemälde sind noch im Chor vorhanden: so das von Moritz Bogner und das von dem herzoglichen Leibarzt Dr. Balthasar Mansfeld gestiftete Fenster (beide 1479 datiert). Bemerkenswert auch die (jener der Stuhlwangen verwandte) Flachschnitzerei der Emporenbrüstung, die Rötel-Votivinschriften an den Wänden und die Kopfkonsolen im Chor, die Stände und Altersstufen charakterisieren könnten. Darüber hinaus befinden sich im Bayerischen Nationalmuseum schmerzerfüllte Statuen von Maria und Johannes aus einer Kreuzigungsgruppe, Erasmus Grasser zugeschriebene Werke um 1480, die einst die Pippinger Kirche schmückten. Eine Vorstellung von dem verschollenen Kruzifixus läßt sich durch die Kreuzigungsgruppe in Blutenburg gewinnen, welche die Pippinger in kleinerem Maßstab kopiert.

Oben: Die gemauerte Kanzel in Pipping. – Rechts: Schloß Blutenburg von Süden

Schloßkapelle Blutenburg

Im Wittelsbacher Bruderkrieg 1422 eingeäschert, wurde 1438/39 das damalige Jagd- und spätere Lustschloß zu Menzing, das erstmals 1432 „Pludenberg" genannt ist, unter Herzog Albrecht III. durch Maurermeister Hartmann neu aufgeführt. Nachdem der resignierte Herzog Sigismund die inselartig von Wasser umschlossene Anlage, ländlich-weiträumiges Gegenstück zum kompakten Alten Hof in der Residenzstadt, zu seinem abgeschiedenen Ruhesitz erkoren hatte, ließ er 1488 (nach Volker Liedke vielleicht durch den Münchner Hofmaurermeister Hans Trager) eine neue Schloßkapelle einfügen, deren Ausgestaltung durch erstrangige Künstler sich bis zum Ende des 15. Jahrhunderts hinzog. Die im Dreißigjährigen Krieg bis auf die Kapelle zerstörte Blutenburg erwarb 1676 der Kurfürstliche Geheimrat Anton Freiherr von Berchem, der am 25. 1. 1690 in dem 1681 wiederaufgebauten Landsitz Kaiser Leopold I. und Kurfürst Max Emanuel zu Gast hatte und der sich in seinem Testament stolz Herr zu Blutenburg und Menzing, Allach, Oberbachern, Langwied, Lochhausen, Krailling, Gauting, Pasing, Pipping usw. nennt. Unter ihm dürfte die Schloßkapelle, in der er 1700 neben seiner Gemahlin beigesetzt wurde, das 1761 erneuerte Zwiebeltürmchen erhalten haben. Seit 1702 befand sich Blutenburg wieder in kurfürstlichem Besitz und wurde gleich St. Wolfgang in Pipping als Blickpunkt in die Gartenanlage von Schloß Nymphenburg einbezogen. 1807 überführte man die Altargemälde der Kapelle in die Schleißheimer Galerie, doch gelangten sie bei der Renovierung 1856 wieder an ihren angestammten Ort. Von 1866 bis 1957 von den Englischen Fräulein, dann vom Dritten Orden des Nymphenburger Krankenhauses als Wirtschaftsgut gepachtet, erfolgt derzeit ein Umbau des verkehrsgünstig am Beginn der Autobahn nach Stuttgart gelegenen Schlößchens, um in den 80er Jahren die Internationale Jugendbibliothek aufnehmen zu können. Auch ist geplant, durch Aufstauen eines Weihers im Osten den ursprünglichen Charakter eines Wasserschlosses wieder voll herzustellen.

In die Umfriedung der Blutenburg eingebunden, veranschaulicht die Kapelle an der Hof-Schauseite mit den um das Wappen Kaiser Ludwigs des Bayern gescharten

Der intime Innenraum der Blutenburger Schloßkapelle

Wappenschildern der engsten Verwandtschaft Herzog Sigismunds im gemalten Maßwerkfries (wohl von Ulrich Füetrer) und mit den Wandbildern der Stammeltern im Paradiesgarten, des aller Macht entsagenden Einsiedlers St. Onuphrius aus fürstlichem Geblüt, der hl. Sippe, der Anbetung der Könige und des Gnadenstuhls (am Portal) die vielschichtigen Intentionen des aus der Regierung verdrängten und in seinem Geltungsbedürfnis vom Ruhm der Vorfahren zehrenden Auftraggebers, der sich hier seine heile Welt aufbaute.

Von einem schwebend-leichten, mit einem goldfarbenen Strahlennetz durchwirkten Gewölbe umhüllt, bannt die unmittelbare und doch durch den Goldglanz entrückte Pracht der Altarretabel den Besucher des zu einem einheitlichen Saal verschmolzenen intimen Kapellenraums. Die drei Altäre interpretieren nicht nur auf ihren vermutlich von Jan Polack und Gehilfen 1491 geschaffenen Gemälden das Mysterium der Hlst. Dreifaltigkeit, der die Kirche geweiht ist, sondern veranschaulichen dieses auch in der „wesensgleichen" Dreiheit ihrer Tafelbild-Retabel, die sich in einer Gesamtschau formal wie thematisch zu einer Einheit zusammenschließt.

Im Zentrum des monstranzartigen Hochaltartriptychons hält die thronende Majestät Gott-Vaters schmerzgebeugt den „Fronleichnam" seines zur Erlösung der Welt geopferten Sohnes den Menschen vor, eingegliedert in den auf den Altarflügeln aufgezeigten Heilsprozeß von der not-wendigen Erniedrigung der menschgewordenen Gottheit (bei der Taufe Jesu im Jordan) zur Erhöhung des Menschen (in der Krönung Mariens durch die drei göttlichen Personen) und umgeben vom Passionszyklus der Glasgemälde von 1497. Als Pendant zum Gnadenthron mit den weiß-blau gerauteten Baldachinstangen war im Sendungsbewußtsein seines Gottesgnadentums das fürstliche Ober-Haupt Sigismund auf der Westempore über seine Untertanen in die von Christus und Maria ausgehende Reihe der 12 Gottesboten – viel gerühmte Schnitzwerke des sog. Blutenburger Meisters – emporgehoben, sein Leben der Entsagung und Erniedrigung trost- und erwartungsvoll in der Nachfolge Christi sehend. Wenn man keinen Kult feierte und die Flügel des Hochaltars geschlossen waren, wurde auf der Rückseite wie auf einem Grabmal Herzog Sigismund in ewiger Anbetung in Richtung Sakramentshäuschen (von 1489) kniend sichtbar, von dem ebenfalls „geschundenen" hl. Bartholomäus und seinem Namenspatron, dem hl. König Sigismund, der Fürsprache von Maria und Johannes anbefohlen, die im Altargesprenge den Weltenrichter um Gnade für die sündige Menschheit, vertreten durch Adam und Eva, bitten.

Am südlichen Seitenaltar ist über der Predella mit der Sippe Jesu, der in ähnlicher Weise wie am Außenbau die Ahnenreihe des Stifters in den Wappenschilden der Fenster und Gewölbekonsolen gegenübergestellt ist, die Verkündigung der Menschwerdung Christi an Maria abgebildet. Dem entspricht auf der Männerseite die triumphale Wiederkunft des Weltenherrschers im Gefolge seiner Heiligen, vorbereitet im Zug der 14 Nothelfer darunter, der ungewöhnlicherweise vom damals in der herzoglichen Familie hochverehrten hl. Wolfgang (vgl. Pipping) angeführt wird. So offenbart sich die wie eine sakrale Schatzkammer anmutende Schloßkapelle als ein bis auf die Wandmalereien unversehrtes Gesamtkunstwerk der Spätgotik von überragender Qualität, in dem alle Teile in vielfältiger Beziehung zueinander stehen und so unverrückbar sind.

Die Kirchen Obermenzings

Wie Funde bezeugen, war das Gebiet von Menzing ebenfalls schon zur Bronzezeit besiedelt. Um die Mitte des 8. Jahrhunderts soll Herzog Tassilo III. dem Kloster Wessobrunn u. a. auch Besitzungen in Menzing geschenkt haben, doch ist die Dotationsurkunde nicht mehr im Original erhalten. Eine zweite, weniger anfechtbare Nennung Menzings ist für 817 bekannt. Die Geschichte der späteren Hofmark ist eng verbunden mit der von Schloß Blutenburg, dem Sitz der Hofmarksherren bzw. deren Vertreter. Wie schon für 1315 belegt, war Obermenzing seelsorglich der Pfarrei Aubing unterstellt, bevor es 1881 an Pasing kam; seit 1919 selbständige Expositur, wurde es schließlich 1922 zur Pfarrei erhoben. Zusammen mit Untermenzing und Allach erfolgte am 1. 12. 1938 die unfreiwillige Eingemeindung nach München, 9 Tage später konnte die in Obermenzing beginnende Autobahn nach Stuttgart eröffnet werden. Aus dem jetzt nur noch bruchstückhaft an der Würm um St. Georg erkennbaren Bauerndorf ist durch die Umwälzungen unseres Jahrhunderts ein begehrtes Villenviertel geworden.

Laut einer heute verschollenen Inschrifttafel soll das bestehende Gotteshaus *St. Georg*, 1922–24 erste Pfarrkirche Obermenzings, am 3. Mai 1444 geweiht worden sein, nachdem der schon 1315 erwähnte Bau der Romanik erhöht, im Chor eingewölbt und nach Westen verlängert worden war, wie am Mauerwerk ersichtlich ist. Allerdings lassen der Name des genannten Weihbischofs sowie eine für 1403 nachweisbare Verlegung des Kirchweihfestes Zweifel an der Richtigkeit des Datums aufkommen; außerdem stiftete bereits 1433 Herzog Albrecht III. Messen auf die drei Altäre von St. Georg, was darauf schließen läßt, daß die Vergrößerung der Kirche damals schon beendet war. Bis zum Zweiten Weltkrieg berichtete ein Glasgemälde von einem weiteren Umbau des Gotteshauses 1610. Demnach erhielt die Kirche zu jener Zeit nach Anfügung eines Vorzeichens im Westen, sowie einer Sakristei und eines Turms im Osten von dem Pfleger zu Blutenburg und Leibarzt Wilhelms V. und Maximilians I., Dr. Jakob Burchard, ein Pflaster, eine Holzdecke, Altäre und Bänke neu. Das Turmobergeschoß mit der charakteristischen Bekrönung, ähnlich wie in Pullach eine Kombination von Spitz- und Kuppelhelm, wurde 1677–79 aufgesetzt. 1747 brannte der Frauenaltar ab, so daß Kistler Joh. Steiner aus Pasing einen neuen fertigen und ein nicht namentlich aufgeführter Dachauer Maler das spätgoti-

sche Marienbild (heute unter der Empore) erneuern mußte. Die Errichtung des Friedhofs an der Bergsonstraße 1913 brachte das Ende des alten Kirchhofs um St. Georg.

Bei der Restaurierung 1969–73, in deren Verlauf man u. a. die Bausubstanz der im Krieg beschädigten Kirche sanierte, sowie die neugotischen Altäre, das Gestühl des ausgehenden 18. Jahrhunderts und die Orgel von ca. 1730 entfernte, war die Hauptüberraschung die Freilegung von Wandgemälden mehrerer Epochen und eines barocken Bilderzyklus von Christus und den 12 Aposteln an der Emporenbrüstung durch Manfred Fronske, Landshut. Seitdem ist über dem Triumphbogen wieder das 1771 renovierte Jüngste Gericht des 17. Jahrhunderts zu sehen, das spätgotische Malereien überdeckt, von denen Teile besonders gut links des Chorbogens zu erkennen sind: Hl. Barbara und Katharina, Helena und Konstantin (?), die sich auf die in der 1. Hälfte des 15. Jahrhunderts erwähnten Seitenaltäre der hl. Katharina und

Die alte Pfarrkirche St. Georg in Obermenzing

des hl. Kreuzes beziehen könnten. An der Ostwand des niedrigen rechteckigen Altarraums, der nach außen nicht eigens in Erscheinung tritt, ist noch einmal das Jüngste Gericht – nun aus spätgotischer Zeit – abgebildet, im Gewölbeabschnitt darüber die Krönung Mariens inmitten der vier Evangelistensymbole. Auch die übrigen Wände des Chors zieren teilweise sehr verblaßte spätgotische Gemälde in Rot- und Ockertönen, in mehreren Reihen übereinander Heilige (darunter den drachentötenden Kirchenpatron) bzw. deren Martyrien und Szenen von der Menschwerdung Christi darstellend. Im Verhältnis zum Bilderreichtum ist die Zahl der Skulpturen (spätgotische Kreuzigungsgruppe, barocker Geißelheiland und neugotischer St. Georg) gering.

Sogleich nach der Erhebung Obermenzings zur Pfarrei plante man an der Grandlstraße eine neue größere Kirche, die dem *Leiden Christi* geweiht werden sollte, da der Bau von den nordamerikanischen Passionisten als Preis für eine Ordensniederlassung in Pasing finanziert werden mußte. Die Entwürfe dazu lieferte der Obermenzinger Architekt Georg W. Buchner, Neffe des in Pipping beigesetzten Bildhauers Josef Floßmann und Schüler Theodor Fischers und German Bestelmeyers. Am 3. 6. 1923 wurde der Grundstein gelegt und schon am 9. 11. 1924 konnte die Konsekration durch Michael Kardinal von Faulhaber vollzogen werden. Das aus der Triangulatur entwickelte Gotteshaus ist eine dreischiffige Basilika mit flachgedecktem Mittelschiff und einer Empore über der nördlichen Abseite. Den Emporenöffnungen, die spitzbogig und archaisch-gedrungen wie die Mittelschiffsarkaden sind, antworten an der südlichen Hochschiffwand gleichgestaltete Blendbögen. Vorhalle, Seitenschiffe, Nordempore und der einschiffige, um sechs Stufen angehobene Polygonalchor werden von prismenförmig geschnittenen Sterngratgewölben überdeckt. Das Licht strömt hauptsächlich von Süden durch die Fenster des rechten Seitenschiffs und des einseitigen Lichtgadens in den Raum, während es im Norden nur indirekt durch die Emporen eindringt. Die romanisch anmutende Massigkeit ist auch am Außenbau fühlbar, wo sie in dem wuchtigen Zwiebelturm gipfelt. Zu diesem korrespondiert das Oktogon der Taufkapelle im Westen der Südflanke, die als Schauseite zu dem gleichzeitig projektierten, aber an Weltwirtschaftskrise und Eingemeindung gescheiterten Ortszentrum ausgebildet wurde. Obwohl Elemente verschiedenster Stile verarbeitet sind, entstand doch ein einheitlicher, in Auffassung und Durchgestaltung moderner Bau von großer Monumentalität, der in seiner Asymmetrie spannungsreich und dennoch ausgewogen ist.

Bereits an den Portalen ist das Patrozinium Thema der Bildwerke, prägnanter Arbeiten Hans Panzers, München: Im Tympanon des Südportals wird die Muttergottes verherrlicht, durch die das leidvolle Erdenleben Christi ermöglicht wurde; an den Türpfosten des Westportals aus Ruhpoldinger Marmor skizzieren fast vollplastische Reliefs die Passion Christi, kulminierend im Kreuzestod am Schlußstein des Türsturzes; im Giebelfeld des Nordportals vollendet Christus in seiner machtvollen Wiederkunft seine Mission. An dem von Franz A. Frohnsbeck nach Entwürfen Buchners und Panzers geschmiedeten Gitter der Taufkapelle ist wiederum der durch den Sündenfall der Stammeltern notwendig gewordene Erlösungsakt dargestellt, der im Alten Testament vorgebildet ist in der Opferung Isaaks und in der Aufrichtung der Ehernen Schlange – Inhalt der beiden leuchtenden Glasgemälde Felix Baumhauers im Chor. Seit der Umgestaltung des Altarraums durch Siegfried Östreicher 1975 nehmen diese die farbig gefaßte Dreiergruppe einer Kreuzigung von Franz Lorch, München, in ihre Mitte, zu der ursprünglich auch die gut lebensgroßen Holzstatuen der Heiligen Magdalena und Longinus in den Abseiten gehörten. An den Stirnwänden der Seitenschiffe stehen zwei ähnliche Flügelaltäre: der Marienaltar mit Bildern aus dem Leben Jesu und Mariens von Albert Burkart und im Schrein mit einer Figur der thronenden Muttergottes von Hans Panzer, sowie der Altar der hl. Elisabeth von Thüringen von 1939 mit Gemälden aus der Elisabeth-Vita von Josef Eberz zu seiten eines edlen Reliefs der Heiligen, wie die Herz-Jesu- und die 1975 nachgeschnitzte Antoniusstatue ein Werk von Kathrin Frey-Hock, Obermenzing.

St. Martin Untermenzing

Die Geschichte Untermenzings ist die Obermenzings, wenn die zwei Orte auch seit dem Mittelalter immer eigens genannt werden. So führt die Konradinische Matrikel 1315 beide Menzing mit ihren Friedhöfen als Filialen der Pfarrei Aubing auf. Anders jedoch als St. Georg–Obermenzing wurde St. Martin 1914 der Pfarrei Allach zugeschlagen, bekam schrittweise mehr Selbständigkeit (1922 als Expositur und 1938 als Pfarrkuratie) und wurde erst am 1. Januar 1945 Stadtpfarrei Münchens, dem Untermenzing 1938 eingemeindet worden war. Noch heute deckt sich die Grenze des Seelsorgebezirks mit derjenigen der alten Dorfgemarkung, bis auf den östlich der Bahnlinie München–Dachau gelegenen Teil, der seit 1963 mit ehemaligen Gebieten der Pfarrei Allach zu Maria Trost gehört.

Von der romanischen Vorgängerkirche hat sich der mit Rundbogen- und Zahnschnittfriesen gegliederte wuchtige Turm erhalten, der sich heute trotz einer Aufstockung im 15. Jahrhundert (oberes Glockengeschoß und Treppengiebel) vergeblich gegen die hohen Bäume der Umgebung durchzusetzen versucht. Das jetzige Gotteshaus, das sich von den übrigen spätgotischen Landkirchen des Würmtals vor allem durch die Einwölbung von Chor *und* Langhaussaal und durch die daraus resultierende Rhythmisierung der Innen- und Außenwände durch plastisch durchgeformte Wandpfeiler unterscheidet, wurde 1499/1500 von Ulrich Randeck, München, u. a. Erbauer der Klosterkirche Ebersberg (zusammen mit seinem Vater) und der Dorfkirche in Hohenlinden, errichtet, wie die Jahreszahlen und die Meisterzeichen der Gewölbekonsolen an der Vorder- und Rückseite des Chorbogens bezeugen. Wahrscheinlich förderte auch hier, wie in Pipping, Herzog Sigismund den Bau; denn an markanter Stelle, in den Fenstern rechts des Hochaltars, ist dieser unter dem Schutz seines Namenspatrons repräsentiert, gefolgt von Engeln

mit den Wappenschilden der Pfalz und Bayerns und einer 1499 datierten Titulatur. Doch auch Patrizier stifteten dazu, so die Auer aus Pullach (Glasgemälde im Chor) und der Münchner Bürger und Richter zu Fürstenfeld Leonhard Mandl (den jetzt im Bayerischen Nationalmuseum befindlichen spätgotischen Frauenaltar). Außerdem haben sich von der spätgotischen Ausstattung noch erhalten: das Sakramentshäuschen, Fresken von Heiligen um die Fenster des östlichen Langhausjochs (Anfang 16. Jh.) und – aus der Vorgängerkirche – eine schöne thronende Muttergottes vom Ende des sog. Weichen Stils (um 1440), die heute in der zu einer Kapelle vermauerten südlichen Eingangshalle (dafür modernes Vorzeichen im Westen) verehrt wird.

St. Martin in Untermenzing von Osten. – Links: Das Innere der Pfarrkirche Leiden Christi in Obermenzing

Die gegenwärtigen Altäre stammen vom Anfang des 17. Jahrhunderts. Der in der Anordnung einer Vielzahl von Bildern noch an spätgotische Flügelaltäre erinnernde Hochaltar ist laut Inschrift geweiht den Kirchenpatronen St. Martin und Nikolaus, deren Statuen das Retabel flankieren, und den heiligen Eheleuten Anna – Joachim, Maria – Josef und Elisabeth – Zacharias, die auf dem herzförmig gerahmten Mittelbild in antikischer Landschaft gruppiert sind. Die sieben übrigen kleinformatigen Gemälde erzählen Begebenheiten aus dem Leben Mariens und Jesu. Im überproportionierten Auszug (Ergebnis einer späteren Veränderung?) steht eine Muttergottes vom Typus der Patrona Bavariae. Weit einheitlicher und fortschrittlicher wirken die beiden Seitenaltäre von 1615, die triumphbogenartig die frühbarocken Bilder der Münchner Schule (Herabkunft des Hl. Geistes auf Maria und die Apostel bzw. Krönung Mariens im Beisein aller Heiligen) umschließen. Gute Werke der Figuralplastik sind der hl. Leonhard auf der Mensa des rechten Seitenaltars, die ehemaligen Altarstatuen der heiligen Diakone Laurentius und Stephanus bzw. des hl. Erzengels Michael und des Schutzengels auf den Konsolen im Chor (alle 18. Jh.), sowie der lebensgroße Kruzifixus mit seiner schmerzerfüllten Mutter (eine Stiftung von 1686). Sehr schadhaft sind die 1925 an der nördlichen Chorwand freigelegten Gemälde aus der 2. Hälfte des 16. Jahrhunderts, deren nicht genehmigte Übertünchung schon 1679 der Aubinger Pfarrer Joh. Bern. Prugger beklagt. Sie stellten einst das Jüngste Gericht und darunter die Mannalese (im Rahmen eines gemalten Epitaphs für den Untermenzinger Müller Sigmund Pöckh, gest. 1572) sowie die 7 Sakramente dar. Das noch vorhandene Orgelgehäuse von ca. 1740 schuf wohl der Dachauer Quirin Weber (1693–1751). Leider schon eine Seltenheit ist, daß – wie auch im benachbarten Allach – der alte Kirchhof um St. Martin, der durch einen gedeckten Holzsteg mit dem neuen Friedhof am Westufer der Würm verbunden ist, noch wie eh und je die Toten aufnimmt.

Die Kirchen Allachs

Daß Allach (von „Ahaloh" = Laubwald am Fluß) schon vor seiner ersten urkundlichen Erwähnung 774 besiedelt war, bezeugen besonders eindrucksvoll die über 350, gegen Ende des vorigen Jahrhunderts in der Nähe des heutigen Bahnhofs entdeckten Reihengräber aus der Zeit von ca. 580 bis 730 n. Chr. Bereits im 1. Jahrzehnt des 9. Jahrhunderts wird Allach ein Kirchdorf genannt. Bei Trockenlegungsarbeiten stieß man 1962 in der Peter-und-Paul-Kirche auf Fundamente älterer Bauten, die etwa die nördlichen zwei Drittel des jetzigen Gemeinderaums umfassen. Das älteste Gotteshaus bestand demnach aus einem einschiffigen, nur innen verputzten Langhaus und einer eingezogenen Rundapsis im Osten aus Tuffquadern. Zu Ende des 12., spätestens aber zu Anfang des 14. Jahrhunderts wurde an das bisherige, von einem Friedhof umgebene Kirchenschiff anstelle der Apsis ein rechteckiger Altarraum aus Backsteinen angefügt und der Fußboden erneuert. Wohl ebenfalls in spätromanischer Zeit baute man in die Südwestecke des Langhauses einen quadratischen, mit Bogenfriesen gegliederten Turm ein, der nach Einwölbung des Chors in der Spätgotik zur heutigen Höhe aufgestockt werden mußte. Beim Neubau der Kirche zu Anfang des 18. Jahrhunderts (durch den einheimischen Maurermeister Jak. Funkh?) wurden die Nord- und Westmauer der Vorgängerin beibehalten; den vorhandenen Turm bezog man als Mittelachse in die Westfront mit ein und versah ihn mit Putz (heute wieder abgeschlagen). Eine zweite, auch am östlichen Würmufer gelegene Kirche befand sich zwischen Allach und Untermenzing, wurde aber zu Anfang des 19. Jahrhunderts abgebrochen. Ihr Patrozinium *St. Johann Baptist,* das wie in Lochham auf die ursprüngliche Funktion als Taufkirche schließen läßt, verleitet zu der Vermutung, Allach könnte eine Urpfarrei gewesen sein, die erst später in der Pfarrei Aubing aufging, als deren Filiale sie erstmals 1315 beurkundet ist. 1897 wurde St. Peter und Paul als Expositur von Aubing abgetrennt und bekam 1914 (wieder?) den Status einer Pfarrei. Als Allach 1938 München eingemeindet und mit Untermenzing zum 38. Stadtbezirk zusammengefaßt wurde, war die bäuerliche Struktur bereits durch bedeu-

Der barocke Hochaltar der alten Pfarrkirche St. Peter und Paul in Allach von 1710 mit dem Abschied der beiden Apostelfürsten im Zentrum

tende Industrieniederlassungen, wie die Diamalt AG (seit 1902) oder die Lokomotivfabrik Krauss-Maffei AG (1931 fusioniert), stark angegriffen.

Der 1914–1955 als Pfarrkirche dienende Barockbau von *St. Peter und Paul* steht am Nordrand des teilweise noch erkennbaren einstigen Straßendorfs. Seine Außenwände werden von aufgemalten Pilastern gegliedert; der romanisch-gotische Sattelturm erschiene als Dachreiter, würde er nicht leicht an der sonst schmucklosen Westseite vorspringen. Das breite, flach gedeckte Kirchenschiff mündet in einen polygonalen Chor, dessen Stichkappengewölbe altertümlich durch Eier- und Pflanzenstäbe in Felder unterteilt ist. Hohe Fenster auf drei Seiten sorgen für eine gleichmäßige Helligkeit. Das rückwärtige Drittel des Saalraums nehmen der Turm und die Orgelempore mit kolorierten Stichen des Kreuzwegs von 1784 an der schön geschnitzten Brüstung ein. Da das Presbyterium nur wenig eingezogen ist, sind die der Muttergottes und dem hl. Josef geweihten Seitenaltäre schräg gestellt und lassen dadurch den Blick noch schneller zur schweren breitgelagerten Säulenarchitektur des Hochaltars von 1710 weitergleiten. In der Aussparung für ein Altarblatt ist der Abschied der Apostelfürsten Petrus und Paulus mit lebensgroßen Statuen in Szene gesetzt, flankiert von St. Wolfgang und einem zweiten, nicht eigens gekennzeichneten hl. Bischof (St. Benno?). Ein in die linke Laibung des Chorbogens versetzter Grabstein erinnert an den 1765 im Alter von 84 Jahren verstorbenen Kurfürstlichen Hofkellermeister Franz von Lafabrique. Bedeutendstes Ausstattungsstück ist an der Langhausnordwand die mächtige barocke Kreuzigungsgruppe, die aus der 1677 von Kurprinz Max Emanuel auf dem Adelsberg im Dachauer Moos (westlich von Allach) gestifteten, 1794 aber wegen Baufälligkeit geräumten *Wallfahrtskapelle Hl. Kreuz* stammt.

Schon 1936 von Friedrich Haindl projektiert, aber von den Nationalsozialisten vereitelt, konnte erst 1954/55 an der Höcherstraße die neue größere *Pfarrkirche Mariä Himmelfahrt* von Peter Bieber nach Plänen seines Vaters Oswald aufgeführt werden. Ein 33 m hoher Campanile vermittelt zwischen dem Pfarrhaus und dem schlichten, von Wandpfeilern rhythmisch gegliederten Saalbau, der ursprünglich – im Norden von einem niedrigen Seitenschiff begleitet – auf das Rund der Ostapsis hinorientiert war. Seit der Umgestaltung durch Peter Hartl 1977 gruppieren sich die hellen, modernen Kirchenbänke um die von Bildhauer Albrecht Steidle vor der Mitte der Südwand geschaffene Altarinsel, während in der Apsis 1978 (nach Abriß der Westempore) der neue, turmartige Holzprospekt der Orgel und der Musikchor Platz fanden. Um die den architektonischen Gegebenheiten zuwiderlaufende Zentrierung des Gotteshauses noch wirksamer werden zu lassen, wurde im August 1979 die Travée hinter dem Altar durch einen 7,50 m hohen und 3,80 m breiten Wandbehang verdeckt, der durch seine starke Farbigkeit den weißen Raum beherrscht. Dorothea Zech aus Heusweiler hat entsprechend dem Kirchenpatrozinium in Samt und Seide die in einer alles überstrahlenden Gloriole thronende Himmelskönigin dargestellt, zu der die Bürger Allachs emporstreben. Davor treten sogar das monumentale Oberammergauer Holzkruzifix (an der Westwand) und die spätgotische, zum Teil überarbeitete Muttergottesstatue aus der alten Kirche (im Seitenschiff) in den Hintergrund.

Literaturauswahl

D. Albrecht, Das Landgericht Starnberg (= Hist. Atlas v. Bayern I,3), Mchn. 1951. – H. Arnold, Königswiesen – eine deutsche Königshufe, in: Bayerland XVI, 1905. – W. Baer, Grefoluinga-Gräfelfing, Gr. 1963. – A. Bauer, Zur Verehrung der hl. 3 Jungfrauen Ainbeth..., in: Bayer. Jb. f. Volkskd. 1961, 33 ff. – Ders., Zum Werk d. WOR-Bildhauers Gg. Wunderl, in: JVCK VIII, 1974, 51 ff. – S. Benker, Ph. Dirr... (= Beiträge z. altbayer. Kirchengesch. XX), 1958, 120 ff. – M. v. Bibra, Wandmal. in Obb. 1320–1570 (= MBM 25), Mchn. 1970. – Th. Bitterauf, Die Traditionen d. Hochstifts Freising (= Quellen u. Erörterungen zur bayer. u. dtsch. Gesch. NF IV), Mchn. 1905. – Chr. Borcherdt, Der Ldkr. Starnberg, Kallmünz 1955. – G. Brenninger, Zur Orgelgesch. d. Ldkr. STA, in: LIL 1978, 66 ff. – Ders., Orgeln in Altbayern, Mchn. 1978. – Buchinger, Geschichtl. Nachrichten über d. ehem. Grafschaft u. d. Landgericht Dachau, in: OA 6, 1844 u. 7, 1845. – E. Buchner, Jan Polack, Diss. Mchn. 1921. – Ders., Münchner spätgot. Kunst..., in: Mönch im Wappen, Mchn. 1960, 131 ff. – F. Burger, Der Meister d. Skulpturen v. Blutenburg..., in: Meisterwerke d. Plastik Bayerns I, Mchn. 1914. – S. Burger, Die Schloßkap. zu Blutenburg... (= MBM 77), Mchn. 1978. – H. Clementschitsch, Chr. Wink, Diss. Wien 1968, 19 ff. – Allgem. bayer. Chronik II, Mchn. 1843; V, Mchn. 1846. – Corpus d. barock. Deckenmal. i. Dtschld. I, Mchn. 1976. – M. v. Deutinger, Die älteren Matrikeln des Bisthums Freysing I–III, Mchn. 1849/50. – O. Doering, Zum Gedächtnis d. Gefallenen, in: Allgem. Rundschau XIV, 1917, 95. – B. Eberl, Die bayer. Ortsnamen als Grundl. d. Siedlungsgesch., Mchn. 1925/26. – A. Eckhardt, Weltgericht i. d. Kirche zu Starnberg, in: Land- u. Seebote v. 29. 11. 1949. – J. F. Erlacher, Die Wallfahrt Maria-Eich..., Mchn. 1841. – Falk, Das Heilbad Petersbrunn, in: Bayerland XIII, 1902, 436 f. –*Festschriften:* 1200 J. Allach, Mchn. 1975; 1200 J. Gauting, G. 1953; 1200 J. Gde. Gräfelfing, Gr. 1963; Eingemeindung v. Ober-, Untermenzing, Allach..., Mchn. 1938; 50 J. Pfarrkirche Leiden Christi Oberm., Mchn. 1974; Eingemeindung von Pasing..., Mchn. 1938; 1200 J. Pasing, Mchn. 1963; 10 J. St. Leonhard Mchn.-Pasing, Mchn. 1969; 10 J. St. Hildegard, Mchn. 1972; Einweihung d. neuen Passionistenkl...., Mchn. 1976; Einweihung d. Pfarrzentrums St. Elisabeth/Planegg, Worfelden 1972; Einweihung d. neuen Pfarrkirche St. Maria, Starnb. 1933. – J. M. Forster, Kl. Gesch. v. Pasing, Mchn. 1895. – R. H. Francé, Das Würmtal, in: Wanderungen i. d. Umgeb. Mchns., Mchn. 1920, 5 ff. – P. Frankl, Die Glasmal. d. 15. Jh. in Bayern u. Schwaben, Straßburg 1912. – Ders., Der Glasmaler Jak. Kistenfiger, in: MJBK 3. F VII, 1956, 111 ff. – P. Fried, Das Landgericht Dachau... (= Hist. Atlas v. B. I,11/12), Mchn. 1958. – E. Gall, Obb. (= Dehio-Handb.), 4. Aufl. Mchn.-Bln. 1964. – B. Gantner, Entstehungs- u. Heimatgesch. d. Ortes Percha, Dießen 1971. – Ders., Die Kirchengeschichte von Achhaim-STA, St. 1973. – K. Gessert, Die Kirche zu Pipping..., in: Das Königreich Bayern in seinen... Schönheiten 3. Bd., Mchn. 1854, 101 ff. – Ders., Die Glasmal. i. d. Kirche zu Blutenburg, in: Schorns Kunstbl. 1839, 350 ff. – W. Haas, Zu Leutstetten, Allach, Pasing, in: 22. Ber. d. Bayer. LA f. Denkmalpfl. 1963, Mchn. 1964, 89 ff. – G. Hager, 2 bisher unbekannte Münchn. Baumeister d. 15. Jh., in: MHVO 4, 1895, 34 ff. – Ph. M. Halm, E. Grasser, Augsbg. 1928. – S. Hausmann, Blutenburg..., Mchn. 1922. – A. Heilmeyer, Nymphenburg..., Blutenburg, Pipping u. Umgeb., Mchn. 1926. – Heimatbuch Stadt STA, St. 1972. – W. Herrnberger, Von d. Ursprung... d.

Gnadenorths bey U. Lb. Frauen i. d. Aichen, 1751. – R. Hoffmann, Der Kirchenbau in Obermenzing, in: CK 21, 1924/25, 137 ff. – Ders., Die Passionskirche..., Mchn. 1925. – Ders., Bayerische Altarbaukunst, Mchn. 1923. – Ders., Das Pfingstfest von Leutstetten, in: Zwiebelturm 2, 1947, 186 f. – S. Hofmann, Neue Forschungsergebnisse über alte Kirchen, in: 80 J. Land- u. Seebote, Starnberg 1955. – Ders., Starnberger Meister im 17./18. Jh., in: LIL 1963, 72 ff. – Ders., Maler u. Bildhauer d. 17./18. Jh. im Ldkr. STA, in: LIL 1966, 98 ff. – C. Th. Horn, St. Stephanus Gräfelfing, in: Ausst. Kat. Kirchenbau i. d. Diskussion, Mchn. 1973, 116 f. – A. Hubel, Die Schloßkap. v. Blutenburg, in: Münchens Kirchen, Mchn. 1973, 77 ff. – A. Huber, Die Hofmark Planegg, Mchn. 1937. – J. Huber, Kurze Chronik v. Krailling, Mchn. 1951. – F. H. Graf Hundt, Urkunden... aus d. Bisthume Freising, in: OA 34, 1874/75, 250 ff. – H. Karlinger, Studien zur Entwicklungsgesch. d. spätgot. Kirchenbaues..., Diss. Mchn. 1908. – Ders., Von Pasing nach Untermenzing, in: Bayer. Wanderbuch I, Mchn.-Bln. 1922, 178 ff. – H. Kiener, Die Passionskirche in Obermenzing..., in: KH 76 1926, 96 ff. – Klöckl, Der Peters-Brunnen... bey Leutstetten, Mchn. 1817. – W. Krämer, Gesch. d. Gde. Gauting, G. 1949. – Ders., Neue Beiträge zur Vor- u. Frühgesch. v. Gauting, G. 1967. – F. Kunstmann, Beiträge z. Gesch. d. Würmthales..., in: Abhdl. d. Hist. Kl. d. kgl. bayer. Akad. d. Wissensch. X, 2, 1866, 337 ff. – Ders., Neue Beiträge..., ebenda X, 3, 1867, 567 ff. – W. Kücker, Das alte Franziskanerkl. in Mchn., in: OA 86, 1963 (Planegger Marienbild). – KDB Obb. I, 1, Mchn. 1895. – Die Kunst- u. Kulturdenkmäler i. d. Region Mchn. I, Mchn. 1977. – F. Langheinrich, Im Herzen d. Würmtals..., Mchn. 1930. – J. Lehner, Schloßchronik v. Königswiesen..., in: Würmgauztg. Juni 1934 – Jan. 1935. – Leutstetten u. Petersbrunn, in: VM III, 1839, 23 f. – N. Lieb, Münchn. Barockbaumeister, Mchn. 1941. – Ders., München – Die Gesch. seiner Kunst, Mchn. 1971, 53 ff. – Maria-Eich..., in: KKC 6, 1846, 105 ff. – A. Mayer/G. Westermayer, Statistische Beschr. d. Erzbisthums Mch.-Freising, Mchn.-Regensburg 1874–1884. – C. Meichelbeck, Historian. Frisingensis, Augsbg. 1724/29. – Monumenta Boica, Mchn. ab 1763. – Th. Müller, Kat. BNM XIII, 2, Mchn. 1959. – F. Niedermayer, Kirche u. Pfarrer in Gräfelfing, in: Altheimatland 10, 1933, Nr. 4, 5, 7. – H. Neumayr, Gesch. v. Pasing, Mchn. 1902. – A. F. Oefele, Rerum Boicarum script..., Augsb. 1763. – S. Östreicher, Mchn.-Pasing St. Hildegard, in: Münster XVI, 1963, 381 f. – Ders./P. Groh, Mchn.-Pasing St. H., KKF 804, Mchn. 1964. – Kath. Stadtpfarrkirche in Pasing, in: Süddtsche. Bauztg. 21, 1911, 41. – Gräber der Merowingerzeit in Pasing, in: MHVO 4, 1895, 184. – R. Paulus, Starnberger See und Würmtal, Mchn. 1926. – A. Pfretzschner, Die Wallfahrt zum Hl. Kreuz..., in: OA 93, 1971, 145 ff. – J. B. Prechtl, Geschichtl. Nachrichten ü. d. Hofmark Pasing..., in: OA 5, 1844, 116 ff. – P. E. Rattelmüller, Der Friedhof v. Rieden, in: Pompe funèbre im alten Bayern..., Mchn. 1974, 166 ff. – P. Reinecke, Zum röm. Gauting, in: Bayer. Vorgeschichtsbl. 18/19, 1951/52, 195 ff. – Ders., Zur Gesch. v. Bratananium, ebenda 22, 1957, 96 ff. – A. v. Reitzenstein, Frühe Gesch. rund um Mchn., Mchn. 1956. – H. A. Ried, Bronzezeitl. Grabhügel bei Untermenzing, in Beitr. z. Anthropologie u. Urgesch. Bayerns 18, 1911, 113 ff. – S. Riezler, Die Ortsnamen der Münchn. Gegend, in: OA 44, 1887, 33 ff. – Chr. Altgraf zu Salm, Der Hochaltar d. Klosterk. Amtenhausen in: Schrift. d. Vereins f. Gesch... der Baar... XXIV, 1956, 28 (Gräfelfinger Hochaltar). – Der Sarkophag f. Prinzessin Mathilde v. B., in: DK 12, 1909, 159 f.; in: CK V, 1908/09, 88 f. – F. Schaehle, Pasings Entwicklung..., Haßfurt 1915. – Ders., Pasing in Gesch. u. Gegenwart, P. 1921. – Ders., Gesch. d. Gde. Obermenzing, O. 1927. – Ders., Die alte Pfarrkirche in Pasing, in: Altheimatland 7, 1931, Nr. 10. – Ders., Von dem Geschlechte d. Pütrich..., ebenda 8, 1931, Nr. 6/7. – G. Schinzel, Das versunkene Schloß – Die schönsten Sagen a. d. Würmtal..., Mchn. 1974. – A. Schmidtner, Die Glasgemälde i. d. Pfarrkirche zu Gauting, in: OA 38, 1879, 323 ff. – H. Schmitt-Carl, Bauformen d. Dorfkirche im obb. Alpenvorland..., Mchn. 1937. – H. Schnell, Kath. Kirchen Starnbergs, KKF 168, 2. Aufl. 1954. – Ders., Maria Eich, KKF 70, 8. Auf. 1974. – Ders., J. Berghammer, Gauting v. Mchn., KKF 94, Mchn. 1935. – Ders., M. Hartig, Mchn.-Stadt u. kath. Kirchen, Mchn. 1960. – O. Schuberth, Die neuentdeckten Fresken i. d. Frauenkirche zu Gauting, 20/21. Ber. d. Bayer. LA f. Denkmalpfl. 1961/62, Mchn. 1963, 11 ff. – G. Schuster/H. Prechtl, Führer durch Pasings Kirchen, Ottobeuren 1977. – J. Seitz, Die Blutenburg..., KKF 61, 10. Aufl. 1972. – L. Seitz, Maria Eich..., Mchn. 1880. – J. Sighart, Die mittelalterl. Kunst i. d. Erzdiözese Mchn.-Freising..., Fr. 1855, 135 ff. – P. Steiner, Joh. Bapt. Straub Mchn. 1974. – J. Sturm, Die Rodungen i. d. Forsten um Mchn., Ffm. 1941. – Ders., Rezension v. W. Krämers Gesch. Gautings, in: ZBL 16, 1951/52, 376 ff. – W. Vogelsgesang (Hrsg.), Obermenzinger Hefte, Mchn. ab 1968. – F. Wagner, Denkmäler u. Fundst. d. Vorzeit Mchns...., Kallmünz 1958. – L. Westenrieder, Beschr. d. Wurm- od. Starnbergersees..., Mchn. 1784. – K. Wettstein, Festschrift Gräfelfing, Gr. 1968. – G. P. Woeckel, F. I. Günther..., Regensburg 1977. – R. Wünnenberg, Fünfseenland, Mchn. 1970. – J. Würdinger, Anton Frhr. v. Berchem, in: OA 42, 1885, 261 ff. – Im Tal der Würm, in: Bayerland 41, 1930 (mit divers. Beiträgen). – R. Zinnhobler, Der Hl. Wolfgang..., Linz 1975 (Pippinger Altar). – F. P. Zauner, Mchns. Umgebung in Kunst u. Gesch., Mchn. 1911. – Ortschronik Gräfelfing, Gr. 1979.